放开母爱的羁绊

妈妈会"偷懒"，孩子更优秀

宋美艳　著

北京联合出版公司
Beijing United Publishing Co.,Ltd.

图书在版编目（CIP）数据

放开母爱的羁绊：妈妈会"偷懒"，孩子更优秀 /
宋美艳著 . -- 北京：北京联合出版公司 , 2022.1（2022.2 重印）
ISBN 978-7-5596-5760-2

Ⅰ . ①放… Ⅱ . ①宋… Ⅲ . ①家庭教育－教育方法
Ⅳ . ① G78

中国版本图书馆 CIP 数据核字（2021）第 240571 号

放开母爱的羁绊：妈妈会"偷懒"，孩子更优秀

作　　者：宋美艳
出 品 人：赵红仕
责任编辑：夏应鹏
封面设计：韩立强
内文排版：李丹丹

北京联合出版公司出版
（北京市西城区德外大街 83 号楼 9 层　100088）
北京市松源印刷有限公司印刷　新华书店经销
字数 160 千字　880 毫米 × 1230 毫米　1/32　7.5 印张
2022 年 1 月第 1 版　2022 年 2 月第 2 次印刷
ISBN 978-7-5596-5760-2
定价：36.00 元

前言

　　曾经有人说过：世界上所有的爱都是为了在一起，只有一种爱是为了分离，这种爱就是——母爱。在动物世界里，每一个母亲在孩子该自立的时候都会把它们推出去或赶出家门，让它们独立生存。人类亦如此。从怀胎十月，宝宝从妈妈的肚子里出来，到宝宝断奶、和妈妈分床睡，再到 3 岁上幼儿园、6 岁上小学，接着读初中和高中，然后直到有一天，孩子去了另一座城市读大学，或是出国留学。等到完成学业以后，孩子就开始拥有自己的事业，组建自己的家庭。对妈妈来说，这就是孩子一步步离开自己的过程，也是孩子一步步成熟、自立的过程。妈妈是以保护的心态把孩子完全护佑在自己的臂弯里，还是以开放的心态鼓励孩子追求自我，对孩子的成长至关重要。

　　很多妈妈总是喜欢在孩子正在努力把事情做好的时

候，费尽心思地去帮孩子，这其实是孩子发展时期最大的障碍。最简单的一个例子是，在孩子两三岁、开始学习自理的时候，妈妈们会给孩子梳洗、穿衣服，不让孩子自己动手学习，殊不知这样就等于无情地剥夺了孩子的自主权。到处都设置条条框框、告诉孩子不能打破或者弄脏家里的东西、不能接触这个那个，这样一来，孩子就没有机会练习控制自己的身体，不能学习使用日常生活中的物品，不能遵循好奇心去探索新鲜的事物，许多学习必要生活经验的机会就这样被无情地剥夺了。

如果想要孩子健康发展，妈妈们就要给孩子一个与孩子年龄相符、释放孩子精力的同时又配合他们心理发展的环境，给孩子充分的自由，让孩子自在成长。这样孩子将来才可能会大有作为。

妈妈在教育方法上的差别，常常会影响孩子的一生。本书为我们提供了一个不同的教养孩子的思维方式，讲述了如何让孩子学会真正的独立，如何帮助孩子正确地面对学习，如何与孩子构建起更加融洽、和谐的亲子关系等，告诉妈妈们如何通过淡定坦然的"偷懒"，为孩子赋予自我成长的勇气和动力，同时激发我们去思考、去寻找对孩子、对自己都更好的可能。管是为了不管，教是为了不教。只有开启孩子的自主性，才能在教养过程中同时拥抱成功和亲密的亲子关系。

目 录

C O N T E N T S

第四章

妈妈懂得赏识，孩子自信心十足

第五章

给孩子自由的空间，让孩子拥有自己的意见

第六章

让孩子到人群中去,从小锻炼社交能力

第一章

请停止用"母爱"的名义伤害孩子

● 溺爱的心理真相不是牺牲自己，而是宠爱自己

　　一个已经在上高中的学生，还要他的妈妈为他去拉抽水马桶，不是不会拉，而是每次都懒得动手，后来，他去了美国。他从那里回信说：由于妈妈"多管闲事"，几乎毁了他的前程。

　　一位已经上了大学的女孩子，喜欢吃鱼，但不"喜欢"摘刺儿。据说她妈妈"喜欢"摘刺儿，而"不喜欢"吃鱼。于是母女多年来就成了理想的"搭档"。后来，她到了一个盛产鱼的国度。她从那里回信说，正是妈妈的"喜欢"帮助，几乎剥夺了她维生的"技术"。

　　一般人富贵了想到的是封妻荫子，给子孙留下一笔可观的财富，自己享受了一辈子，也让子孙享受一辈子或者半辈子。但是，我们从历史上看，很多人虽然留下很多财富，子孙都不会享受一辈子的。名门之后，还想高人一等，结果是连普通人都不如，享受少而受苦多，有出息的更少。在东南亚的华侨中，有很多人发了大财，但是传到第二代就破产了。

　　溺爱，对孩子和妈妈来说，不是幸福而是灾难。因为溺爱，不知多少青少年失去正常的生活能力和人格魅力；不知多少妈妈为宠爱出孽子而痛心疾首。溺爱是毁灭性的教育方式，相信大多数妈妈已经从无数的前车之鉴中认识到这一点，但是，还是有那

么多妈妈控制不了自己的溺爱行为，甚至那些通情达理的高素质知识分子，一面对楚楚可怜的孩子也不禁变成疯狂给爱的妈妈。这是为什么呢？母爱真是如此伟大吗？

其实，溺爱不仅仅出于妈妈本能的母爱，还出于妈妈对自己的宠爱。每个人内心中都藏着两个"我"。一个是"内在的父母"，即我们现实中的父母角色与理想中的父母角色的内化，当我们为人父母时，这个"我"也就是我们自己。另一个是"内在的小孩"，即我们对自己童年体验的记忆和自己理想童年的内化。

溺爱最重要的也是最不容易被人发现的原因，就是妈妈将"内在的小孩"投射到现实中的孩子身上。她把现在的孩子当作自己，按照自己潜意识里的意愿给孩子爱，她根本看不到孩子的成长需求，而是将孩子当成自己的另一个"我"，给予过度满足。例如那些从小生活贫困的妈妈，就会在物质上大量满足孩子，因为她潜意识里极端排斥贫苦的日子，她给孩子大量的物质，其实是在满足自己"内在的小孩"的物欲。所以，妈妈无节制地给予孩子爱，其实是在无节制地满足自己的欲望。溺爱表面上是牺牲自己满足孩子的需要，其心理真相却是宠爱自己。

每个妈妈都应该反思一下自己对孩子的爱，你是不是在按照自己的想法爱孩子，你是不是希望有一个和孩子一样的童年呢？如果是，请注意了，你也许正在有意无意中溺爱孩子。

在溺爱中成长的孩子会有很多缺陷，比如他喜欢追随别人、求助别人、人云亦云，在家中依赖父母，日后在外面宁愿依赖同事、依赖上司，也不愿自己创造，不敢表现自己，害怕独立，又或者他喜欢做一个"小霸王"，自私自利，不尊重父母兄弟姐妹，脾气暴躁，性格极端。这些都意味着他的人格还没有趋于成熟和健全。溺爱对孩子的负面影响可见一斑。

对孩子真正的爱其实是一种理智的爱。比如，当和孩子一起外出游玩时，孩子发现了很多精美的玩具、美味的糖果、漂亮的衣服……妈妈可以买，但一定要有节制，让孩子明白，不是所有的东西，妈妈都必须无条件给予他。或者在某些特定的情况下，满足孩子某些特别的愿望。关键在这种时候，你要让孩子知道，这是因为有特别的原因你才会这么做的。

理智的爱还表现在针对孩子不同的阶段，采取不同的爱的方式，比如在 0 ~ 2 岁，要给予孩子无条件的爱，让他在这种爱的环境中得到生命最初的安全感。到了 2 ~ 4 岁，孩子开始自主探索世界与自己，这时，最明智的爱是尊重孩子的自主探索，使他的自我意识得到强化，这样，当他步入青春期后，他会发现他已经能够独立地处理很多成长的问题，化解很多生活中的困惑。

● 放纵型溺爱，最懒惰的爱

一对夫妇中年得子，对儿子是百般疼爱，什么都依着他，他要什么就给什么。儿子是个比较内向的男孩，平时不爱和人交往，学习成绩也是普普通通。高中毕业之后，儿子没有考上大学，父母就将他送入一所私立大学读书。就在儿子读书期间，夫妻两个人每两个星期都要到儿子的学校去看望他，生怕他有什么不适应。

大学毕业之后，父母并不鼓励儿子主动去找工作，他们对儿子说："你是大学毕业生，可以找一份好点的工作。"意思是不让儿子出去受苦受累。于是儿子也很心安理得地在家里过了两年，什么工作都没有找到。后来父亲不得已帮儿子找了一份很普通的工作，儿子上班不到一个月就回来了，说是不适应，而这一回来，就在家里待了4年，这4年中不出家门一步。

看到儿子这样，做父母的十分担心，但还是一味地迁就他，但毕竟老两口一把年纪，这么下去，儿子以后怎么办呢？父亲为此渐渐变得不爱说话了，心中的压抑堆积了起来，最后得了抑郁症。父亲住院了，儿子也不去看望，而母亲不得不在照顾了丈夫之后又回家给儿子做饭。

这是一个真实的故事，可以说，儿子能走到今天，都是父母放纵溺爱的结果。这样的男孩，如此自闭、冷漠、寡情、无能，几乎等于一个废人，更谈不上是什么男子汉了。这是孩子的悲剧，更是父母的悲哀。

溺爱看起来最富有牺牲精神，但其实也是最懒惰的爱。因为这样做的妈妈放弃了思考，而让没有什么自控能力的孩子去发号施令。对孩子来说，他小的时候也许会觉得妈妈对他很好，但当他逐渐长大，有了自己独立的思想之后，他会觉得妈妈的干涉是对他的一种禁锢，他想冲破这道禁锢，于是矛盾就不可避免地产生了。而如果他的独立意识已被磨灭的话，这对孩子就是更致命的伤害。就像上文中的儿子一样，毫无独立意识的孩子会过度依赖妈妈，对困难畏首畏尾，对生活也缺少热情。于是，懒惰的溺爱造就了懒惰的孩子，懒惰的生命。

所以，教育孩子，最忌讳的就是溺爱。一个在溺爱环境中长大的孩子，别指望他将来会有出息。对孩子的爱，只能放在心里，表现出来的，该狠还是要狠一点。不要放纵孩子，对他的要求全部给予满足，而要舍得让孩子吃一点苦头。以孩子为中心，一味地放纵溺爱，是不利于孩子身心健康的，对他们的成长极为有害。

一般来说，在家庭当中，妈妈放纵地溺爱孩子，最典型的表现有以下几种。

其一，对孩子给予"特殊待遇"，使孩子滋生优越感。

有很多妈妈由于孩子是家里的独生子，让孩子在家里的地位高人一等，处处都会受到特殊照顾。这样的孩子必然是"恃宠而骄"，变得自私而没有同情心，不会关心他人。

其二，对孩子的各种要求"无条件满足"。

有的妈妈对孩子的各种要求总是无原则地满足，儿子要什么就给什么。有的妈妈觉得"再穷不能穷孩子"，即便是自己省吃俭用，也要满足孩子的无理要求。这样长大的孩子必然养成不珍惜物品，讲究物质享受，浪费金钱和不体贴他人的坏毛病，而且毫无忍耐和吃苦精神。

其三，对孩子过分保护。

有的妈妈为了孩子的"绝对安全"，不让孩子走出家门，也不许他和别的小朋友玩。更有甚者，妈妈变成了儿子的"小尾巴"，步步紧跟，含在嘴里怕化了，吐出来怕飞走。这样养大的孩子一定会变得胆小无能，丧失自信，养成依赖心理，或者是在家里横行霸道，到外面胆小如鼠，造成严重的性格缺陷。

其四，袒护孩子所犯的错误，成为"护犊子"。

当孩子犯了错误的时候，妈妈总是视而不见，反而说："不要管太严，孩子还小呢。"有时候爷爷奶奶还会站出来说话："不要教得太急，他长大之后自然会好了。"这种环境长大的孩子全无是非观念，长大之后很容易造成性格的扭曲。

为了孩子的健康成长，妈妈要给予他充分的爱，但是不可以一味地迁就孩子，这样培养出来的孩子将来会出现很多问题：缺少远大的理想，缺少是非观念，缺少良好的习惯，缺少面对挫折教育的能力，等等，直接影响孩子的未来。

苏联著名教育学家马卡连柯警告说："父母对自己的子女爱得不够，子女就会感到痛苦，但是过分溺爱虽然是一种伟大的感情，却会使子女遭到毁灭。"如果妈妈无视这种警告，一意孤行地认为只要尽力满足孩子的一切需要，就能保证孩子幸福健康地成长；那么，这种教育方式势必会影响孩子在各个方面的发展，让孩子失去竞争力，甚至使孩子养成各种不良习惯。

疼爱孩子是妈妈的天性，但是如果疼爱得过了头，那就变成溺爱了，溺爱只会害了孩子。作为妈妈，千万不要让你懒惰的放纵型溺爱害了孩子。

● 密不透风的"爱"源于自私

一个访谈节目中，台湾舞后比莉讲起在培养孩子的过程中，自己总是处于希望孩子快点长大，但又害怕孩子长大的矛盾状态中。比莉回忆在儿子小时候，有一次送他上学，儿子在门口对她说："妈，以后不要再送我上学了，我都上初中了，同学都没有爸妈送了！"她听了儿子的话才恍然大悟，意识到儿子已经长大了，比莉就跟主持人说："我真舍不得让他长大！"

相信每一个妈妈都有和比莉一样的感受，想让孩子长大，但是又舍不得他们长大。多希望孩子永远都能天真无邪，单纯可爱，永远在我们的羽翼下受到保护，不要离开我们的视野，让我们永远拥有他。妈妈们心里深处或多或少都会有这样的担忧：害怕孩子长大独立，害怕孩子与妈妈分离。

所以，妈妈即使认识到自己对孩子这种密不透风的"爱"，会令长大了的孩子有些受不了，也会使他们变得越来越糟糕，但是妈妈就是不自觉地要对孩子过多爱护和管教。

当孩子越来越大、越来越独立、越来越渴望自己为自己做主时，妈妈就会感到极大的分离焦虑。她在内心里害怕孩子长大，于是，有些妈妈会有意无意地阻碍孩子长大。

小豪今年已经上初中二年级了，他从小由妈妈带大，任何事情都是由妈妈全权打点，无论是削铅笔、收拾文具、洗衣服、买零食，还是选择学习内容、填报志愿，大大小小的所有事情都是妈妈为他做。小豪对此很安然自得，妈妈也做得心满意足。

然而，小豪在学校里发现其他男孩都会做很多事情，例如自己把带来的饭盒洗干净、自己收拾自己的文具书本、自己绑鞋带等等，而这些事他都不会做，他觉得有点不好意思，于是他想和其他同学一样，自己做自己的事。当他向妈妈提出这个要求时，妈妈当即回绝了他："傻孩子，妈妈帮你做就好了，你就不用操心了，好好学习吧。""可是其他同学都笑话我什么都不会做啊，他们说我长不大，什么都要靠妈妈，不像个男生！""才不是呢，他们是嫉妒你，其实他们自己也不想做，所以故意说你呢！"

小豪勉强相信了，可是，他渐渐地开始对妈妈的关心和帮忙产生了反感，他总觉得自己没有其他孩子自由，于是经常对妈妈发脾气。妈妈看到孩子这样的抵触情绪，觉得孩子长大了，翅膀开始硬了，就想离开妈妈了，心里特别失落。但是，她还是不让小豪碰任何家务事，甚至是小豪自己的事，她总觉得，只要自己帮孩子做这些，孩子就会一直依赖他，就不会离开他，她宁愿让孩子懒一些，也不愿意他很快独立起来离开自己。

很多妈妈就是这样，希望通过为孩子做事，了解孩子的想法，来感觉到孩子仍然依赖着自己，消除自己害怕孩子长大的心理。这样的爱看似是对孩子的宠爱和负责，其实是出于妈妈的自私，为的是满足妈妈的安全感。如此自私的爱，不能算是真爱。孩子长大是必然，没有一个妈妈能够把孩子绑在自己的身边一辈子，即使你把他绑住了，那也是对他巨大的束缚。

孩子长大了，会渴望独立空间，渴望伸展自己的手脚，尝试自己的力量。这是一个生命成长的必然规律。妈妈们不要一厢情愿地认为孩子就是一个永远不懂事的小孩，永远不知道该怎么做事的小孩，你得时时为孩子的一切事情操心。不要像对待一个 2 岁的孩子一样去对待已经长大的孩子，这是对孩子无形的伤害。

妈妈必须要舍得孩子长大！要知道，妈妈的怀抱再温暖，也不如给他一双强健的翅膀，这样即使妈妈不在身边，他也能飞翔；妈妈的肩膀再结实，也不如给他站立的力量，这样即使妈妈老去，他也能独立行走；无论妈妈多么智慧、多么有能力，都不如教给他智慧和能力，这样才能让他独立面对世界。

作为妈妈，必须舍得孩子长大，不能因为舍不得就牢牢地把他圈在自己爱的包围圈里，这对孩子是错误的爱，好妈妈会允许孩子心理上与自己分离。

● "大人永远都是为了你好"是谬论

冬季的一天，寒风凛冽，气温骤降。一位母亲冒着刺骨的北风骑车数里来到一所大学校园的女生宿舍，找到正在这里上学的女儿。打开宿舍门，女儿见是母亲，感到十分惊讶，问她有什么事，母亲说给孩子送羽绒服。

女儿感到啼笑皆非，告诉妈妈自己不需要。"我这里有足够的保暖衣服。这么冷的天，我们都在宿舍里念书，不会出去的。再说，您顶着风给我送衣服，就不怕自己生病啊？"

母亲则十分恼怒，"我这不是怕你冷吗？怕你不知道多穿点儿。怎么了，我关心你不对吗？我这不是为了你好吗？你怎么这个态度？"

母亲扔下衣服忿忿然地走掉了。女儿追出来叫她进屋坐一会儿，她好像没听见。

母亲感到很委屈：她觉得自己很伟大，她是如此地心疼女儿，顶着寒风送去冬衣，简直是个英雄！一路上，她都在想象女儿看见自己时会是多么感激涕零。然而女儿却让她失望了，非但不领情，反而将她送到手边的温暖拒之门外。当着女儿同学的面，她真是下不来台，不禁恼羞成怒。

女儿也感到很委屈：我已经长大了，能够自己照顾自己了，妈妈却还拿我当小孩子。这么多同学的妈妈都没有来，偏偏她来了，小题大做。她总是命令我无条件地接受她的关怀，也不看我到底需要不需要。只要提一点意见，她就责怪我，让我对她感到负疚。

这位妈妈认为自己的爱是伟大的，无论何时女儿都应该谦恭地接受，否则就是没有良心；然而，从客观的角度看，她仅仅照顾到了自己的利益，却忽视了孩子的体验。她沉浸在自己的情绪之中，却毫不顾及女儿的感受。美国家庭心理咨询师朱迪丝·布朗将这种"爱"称作对孩子实施"慈祥的虐待"。实际上，这种以"爱"的名义所产生的心理伤害，绝对不亚于暴力行为留下的重创。

朱迪丝·布朗说："妈妈自欺欺人的通病就是，他们为孩子做的一切，无论如何满足了他们自己，却说成是为了孩子。"在这个旗号下，妈妈不仅参与孩子的所有的行为，强迫孩子接受妈妈的选择，甚至指导孩子何时何地以什么样的方式表达自己：委屈了不许哭！失望了不许生气！高兴了不许叫唤！对妈妈之情要感激感动、感恩戴德……

朱迪丝·布朗指出，在家庭中，妈妈有着强大的需求，但是这些需求往往被高尚的托词乔装遮掩，暗中扭曲孩子的生活。"都是为了你好"就是最常用来遮掩父母内心需求的高尚托词之一。

孩子不爱吃饭，妈妈端着碗在身后追着喂："为了你的营养，为了你的身体好！"

孩子爱玩儿水，身上弄湿了，妈妈坚决制止："怕你感冒，为了你的健康好！"

妈妈给孩子报了钢琴班、美术班、舞蹈班、英语班，每天陪

收起总"缰绳"，孩子更优秀

着孩子东奔西跑上课练习考证："为了你的将来着想，为了你的前途好！"

孩子有了自己的喜好，妈妈马上站出来制止："别看那种书！不能跟那种人交朋友！你会学坏的！这可是为了你好！"

孩子喜欢文学，妈妈却禁止他看小说："不许学文学艺，应该学理学商学医，这才是正道！都是为了你的将来好！"

孩子恋爱了，妈妈对其钟情的对象横挑鼻子竖挑眼："这个对象不行，跟他／她吹了，我们给你介绍更好的。别伤心别生气，我们都是为了你好！"

无论孩子做什么，妈妈都会参与、指挥、压制、干涉："听我的，这都是为了你好！"

每个妈妈都应该坐下来，扪心自问：我殚精竭虑呕心沥血，所做的一切，真的都是为了孩子好吗？

"都是为了你好！"凡是这样说话的妈妈，都持有一种自以为是的态度，摆出一副居高临下的架子，把自己当作孩子生活的总指挥："听我的，我知道什么是对你最有益的选择！"

当孩子反抗时，"都是为你好"意思是"我为你好才这么要求你，所以你不论喜欢还是不喜欢，都必须照办"，这里隐含了一个假设，即出发点好结果就一定好，这个假设不符合事实。另外这里还包含了一个前提：你自己不知道什么对自己好，所以要听我的。对于很小的孩子，这一点或许是事实，但比较大的孩子，是不会认同的。

当孩子置疑时，"都是为了你好"的意思是"我的动机是为你好，所以你无权置疑我行为的效果，即使事实证明我错了，我也不需要道歉，而且下次你仍然应该无条件地服从我"。这个潜台词十分蛮横，如此一来，哪个孩子还敢表达自己的意见？

当什么情况也没有发生，妈妈却高频率地说这话，意思是"我整天都在为你好，我的生活目的就是为你好，所以你应该记住我的恩情，你欠我的"。这是妈妈在扮演一种"债权人"和"施予者"角色，扮演的目的是要保持对孩子的控制。

这样一句"都是为你好"，对孩子的威胁却是十分可怕的。在这句话的威胁中成长的孩子往往既不会表达愤怒，也不怎么会表达爱。经常压抑自己的愤怒和感情，习惯于以别人的标准要求自己。他们不敢和妈妈做直接的交流，因为在交流之前就已经在脑海里出现了妈妈勃然大怒的形象。

就是这样轻而易举地，妈妈对孩子实施了精神控制，或者说是精神奴役。常说这句话的妈妈们请好好反思一下，"都是为你好"真的是为孩子好吗？

● 慈母让孩子无限扩张，严母让孩子无限萎缩

2009 年，某富家公子飙车撞死一青年的事件，格外令人关注，这场车祸很快演变成一场社会事件。因为这起事件显示出当代家

庭教育的重大问题——家长的溺爱放纵造成孩子的自私放肆，这个问题尤以富二代为甚。

富家公子在市区飙车，撞人后若无其事，竟没有一点负罪感。而出事后肇事者的妈妈居然不是报警救人，而是赶紧打电话找关系。在死者的追悼会上，肇事者的妈妈跪在灵前，连声说对不起。原本一直哭泣的死者妈妈，一反常态的平静，对着肇事者妈妈说："我不会打你，我就是想跟你说我养大这个儿子有多么不容易，我摆过早饭摊……什么都干过，好不容易养大了，成才了……"

事件中的两位妈妈，一位摆饭摊养家糊口，培养出了懂事、上进、孝顺的青年才俊；一位一掷千金，给儿子买跑车如买玩具，结果是除了自我，视他人生命如草芥。

这个事件，印证了韩非的名言："慈母有败子。"慈母之所以败子，就在于放任孩子，致使最后不可收拾。妈妈对孩子过分慈爱，子女就不会成器。诚然，疼爱子女是妈妈的天性，也是应尽的责任，但爱总得有个"度"。眼下，生活水平提高了，给孩子提供良好的生活学习条件，也在情理之中。但切不可好过了头，爱过了火，否则不仅实现不了盼子成龙、盼女成凤的美好愿望，反而有可能种下的是苦果，甚至恶果。

法国教育家卢梭说："你知道运用什么方法，一定可以使你的孩子成为不幸的人吗？这个方法就是对他百依百顺。"所以，真正伟大的母爱，应是有尺度有方法的理性的爱，以孩子人格的健全发展为前提，以孩子独立能力的形成为目的。如果妈妈真正爱孩子，就不要对孩子无原则地慈爱，这样的慈爱就是溺爱，在溺爱的环境里，妈妈的娇惯和纵容使孩子滋生了唯我独尊的心理，包围孩子的是一片表扬、赞叹，孩子就会变得过分要强，就像温室里的花朵经不起一点风雨，一遇到挫折就变得精神萎靡不振，消沉慵懒，做事没有劲头。

过度慈爱会败子，而过度严厉也会毁子。慈母败子的错处在于让孩子的自我无限地扩张，而严母毁子的错处在于让孩子的自我无限地萎缩。

有一个小学四年级学生，是班里的学习委员，酷爱学习，是老师心目中的"尖子生"。但妈妈对她的期望过高、要求过严，她要求女儿每门功课必须在98分以上，有时考了95分，虽然在班里名列前茅，但妈妈仍不满意，对她严厉批评。在妈妈的严厉管教下，孩子的心理压力很大，学习丝毫不敢怠慢。后来渐渐地，她便感到力不从心、疲惫不堪，学习成绩明显下降，对学习也产生了厌倦，开始喜欢上了逃课，当老师找到她时，她蜷缩在路边，十分恐惧，并且哀求老师不要把她送回家去，她害怕回家面对严厉的妈妈。

妈妈对孩子提出比较高的、比较严格的要求是必要的，但应当把握好"度"。如果期望过高，反而会适得其反，这时孩子会觉得自己无论怎样努力也达不到妈妈的要求，无论怎样努力都是失败，渐渐地就会失去信心，对自己的能力产生怀疑，进而会把学习当成一件可怕的、痛苦的事情，厌学情绪也会油然而生；有的极端的孩子干脆来个"死猪不怕开水烫"，反正达不到要求，索性放弃！

每个孩子的心理素质和学习能力是不同的，妈妈应当根据孩子的实际能力和水平，提出适当的要求。另外，妈妈应当认识到，考试分数充其量不过是关于孩子学习质量的一种不十分精确的信息，并不能反映孩子的学习全貌，没有必要把分数看得太重。还应该认识到，孩子的成功与否并不是最重要的，快快乐乐地成长、幸幸福福地生活才是生命的真谛。

妈妈过于严厉，不仅对孩子的身心发展有危害，还会腐蚀孩子的价值观。若妈妈对孩子管教过于严苛，对孩子没有耐心，容易暴怒、动辄体罚，就会适得其反。孩子在这样的环境长大就会潜意识中把暴力植入自己的大脑，以为这就是解决问题的方法，久而久之就养成了崇尚武力解决一切的习惯，严重阻碍孩子的健康发展。

总之，"慈母败子"，"严母毁子"，妈妈一定要慎重对待给孩子的爱，把握好爱的"度"，才能发挥好爱的作用。

● 自我"牺牲"换不来孩子辉煌的未来

我是一位63岁的农民，今天我给你们写信，是想说说我的家事。虽说家丑不可外扬，但这些事憋在心里好长时间了，最近总感到心口疼。

我儿子是一名大学生，也是我们家五代人唯一考出的大学生，这是我老两口的骄傲啊！但因为这个不争气的东西我们也伤透了心。

记得儿子刚考上大学时，我去学校送他。下了火车后，我扛着笨重的行李走在前，儿子跟在后。本来就因为坐了一夜的火车，再加上上了点年纪，刚到学校门口，就被大门前一根铁条绊倒了。我重重地摔倒在地上，行李扔出了老远，一只鞋也甩掉了。儿子向四周看了看，像怕什么似的拉住我的胳膊猛地用力拽了一下说："干什么啊，丢不丢人！"尽管我的双腿摔得很疼，但还是得很快爬起来，捡起鞋穿上继续去背行李。把儿子安顿好后，我忙着又是挂蚊帐，又是买日用品，这一切似乎在儿子眼里都是天经地义的。

第一学期儿子一共来了3次电话，每次都是要钱。我和老伴种着3亩地，抽空我就到村里的砖厂去做工。开始人家说我老，不肯收，我几乎给人家跪下了，人家可怜我才让干的。小闺女16岁了，初中毕业后上不起学给人家当了保姆，挣的钱交给我后，我一分舍不得用，全寄给了儿子。甚至有一段时间老伴的眼睛肿得厉害，疼得一个劲儿流泪，都舍不得花钱买一瓶眼药水啊！

为了能多挣点钱，老伴又在村子里找了一份看孩子的差事。给人家抱一天孩子只挣5元钱，没日没夜的。去年冬天，儿子电话打得特别勤，每次都是要钱。我寄了4次有6000多元，我不知道现在上学就得这么多钱。后来才听村里去打工的一个小伙子回来说，他见到我儿子了，正谈着恋爱，很潇洒。说真的，我和老伴听了后不知是该气还是该高兴。然而最可气的是今年过年儿子回来时，那不争气的东西，居然偷改了学校的收费通知，虚报学费。这之前我只是在报上看到过这种事，没想到会发生在我身上。如今好几个月过去了，我一想起这事就心痛，整夜睡不着觉。我不明白，我们亲手抚养大的儿子好不容易考上大学，为什么会变成这样，不知他们在大学里除了学习文化外，还能否学到要有良心？

这是一篇刊登在《新华每日电讯》上面的文章。这对可怜的父母，几乎牺牲了自己的一切去讨好儿子，得到的却是这样的回报。相信看了这篇文章的妈妈们都感到痛心疾首，可怜天下父母心，怎么会养出这样一个不孝子！同时，我们也能猜到，这样一个毫无感恩之心，虚荣自私的孩子，是很难有光明的前途的。他将为自己的"小聪明"付出很大的代价。但反思一下，不难发现，恰恰是因为父母的完全"牺牲"，孩子才养成现今这种虚荣自私的品性，所以，自我"牺牲"不仅换不来孩子辉煌的未来，甚至会造成孩子品性的恶劣和前途的渺茫。

苏联教育家马卡连柯曾说，一切都让给孩子，为他牺牲一切，甚至牺牲自己的幸福，恰恰是送给儿童的最可怕的"礼物"。

但是，家庭对绝大部分女性来说，往往意味着"牺牲"，至少要牺牲很多的个人时间和空间，去处理家庭的琐事，例如孩子不肯睡觉了，老人生病了，亲戚串门了，等等，不得不推掉很多的同学聚会、健身课程和个人爱好。一个家的确需要一个凡事都操心的人，这样家里才有主心骨，才能团结在一起。但是这个主心骨就一定要什么事情都做好，抛开自己的一切吗？

有一位成功的职业女性，结婚生子后，毅然放弃自己的工作，安心在家相夫教子。但是很快问题就出来了，一方面是教育孩子没有她想的那么顺利，总是问题不断，小孩生病，读书不好，对人没有礼貌等，这一切在她的公婆看来，都是因为她教子无方；另一方面，她觉得自己离以前的那帮姐妹越来越远了，她很久不去做美容，也没有心情购物，整个人的情绪坏到了极点。

后来她去咨询心理医生，心理医生说："你需要一份工作，或者是一个爱好来疗伤。"

的确，百分之百将自己牺牲在家务当中，不仅不能达到照顾家庭的理想效果，还会给自己制造伤口。如果家庭中产生不愉快，妈妈们很自然会把原因归结到自己的无能上，渐渐增加了负罪感和挫败感。而一个爱好，或者一份工作能让妈妈们重新找回自信和乐趣。

为什么说牺牲自我对家庭未必是好的呢？我们想一想，牺牲自我的妈妈们往往把孩子的事情都揽在自己身上，小到系鞋带，大到他交了怎样的朋友、将来读什么大学等，事事都要关心。这样做的结果，往往是孩子不知道妈妈为自己做了多少事情，或者就算是知道了，也觉得理所当然，少了感恩之心。长此以往，孩子不知不觉中变得自私自利。

爱孩子并不意味着"牺牲"自己，给孩子越多爱不代表对他越好，为了孩子健康成长，为了家庭幸福美满，妈妈要学会适度从家庭中抽身出来。对很多妈妈来说，要从家庭抽身回到职业女性的角色稍嫌困难，但我们可以培养一个自己的爱好，或者养花种草，或者养养宠物等。将自己的精力和情感分散开来，这样我们的内心才能达到平衡的状态。孩子、家庭和自己，每一个都能好好兼顾过来。

● 不自觉地虐待——代代相传的心灵创伤

在德国，一个宫廷乐师娶了一个侍女，生了好几个孩子。他喜欢喝酒，常常会在酒后暴打自己的孩子。当时诞生了音乐神童莫扎特，很多人都希望把自己的孩子培养成莫扎特那种会挣钱又有面子的儿子，他也不例外。为了让孩子成为"神童"，他天天逼着比较有音乐才华的那个儿子练琴，常常动手打他。

这个被打的儿子在孤独和痛苦中磨砺成了我们都知道的音乐天才——路德维希·冯·贝多芬。贝多芬自己没有结婚，也没有继承人。但是，他把自己兄弟的儿子卡尔留在身边，给他提供最好的音乐教育，要让卡尔成为下一个音乐天才。据说，卡尔认为自己并没有音乐天分，伯父的固执成为他的负担，他常常找贝多芬要钱，然后去赌场消愁。后来，卡尔实在受不了伯父贝多芬在他身上寄予的厚望，于是，用枪射向了自己的脑袋。这一枪偏了，卡尔没有死，但是贝多芬因此大受打击，病倒了。

贝多芬当然也很爱他的侄儿，只是他忍不住要在卡尔的身上寄予太多希望。想一想贝多芬自己的童年，我们就能明白他的"不由自主"是为什么了。父亲对他的态度，影响了他对侄儿的态度。

这样的情况不仅仅会发生在贝多芬身上，其实任何一个妈妈在教育孩子的时候，都会受到以前自己所受的教育方式的影响。因为童年时候发生的事情，对一个人的影响是很大的。所以，我们教育孩子的经验一般都来自父母教育我们的方式，父母的教育态度或多或少会影响我们的教育态度。一个从小生活在严格要求下的人，必定会对自己的孩子也比较严格；一个从小生活得轻松快乐的人，自然会对孩子要求较少，认为孩子的快乐最重要；而一个从小生活在责骂暴力中的人，难免也会对孩子暴力相待。

童年的记忆，无论是快乐的，还是痛苦的；无论是清晰记得的，还是觉得已经忘记的，都会在你的潜意识中影响你的想法。这就解释了为什么有的时候，妈妈一见到孩子心里就很不耐烦，或者想动手打他，或者不想理他。尽管妈妈知道这对孩子是不公平的，但还是无法克制住自己的情绪。也许，她也是一个受害者，她也是因为受到了这样的对待而把气发泄到了孩子身上。

但是，不管出于什么原因，打骂孩子都是不对的，这是对孩子的巨大伤害。要知道，你现在对孩子的伤害，会长久地印记在他的潜意识里面，影响他今后对待自己的后代的方式。伤害就这样一代一代地传下去，那多少个子孙后代都要受到这样的折磨啊？所以，为了你的后代能够免受这样的伤害，也为了你自己的内心得到解脱，你必须学会走出童年的阴影。

　　也许你一直对当年父母的打骂怀恨在心，觉得受到了巨大的伤害，于是无法原谅。那你现在不如平心静气地想一想自己的童年，是不是全是这样的伤害呢？想一想父母给你的爱和幸福，是不是让你倍感温暖呢？想一想父母那个时候的社会环境和生活上的压力，是不是可以体谅他们偶尔的情绪失控呢？多往积极方面想，也许你心中的很多不愉快会慢慢消失，这样，你再去教育孩子的时候，就没有这种莫名其妙的怒气了。

● "非爱行为"是伤人的爱

　　上海的一项调查显示：上海有 24.39% 的中小学生曾有一闪而过的自杀想法，5.85% 的孩子曾计划自杀。无独有偶，浙江健康教育所对浙江全省中小学生的调查显示：13.3% 的学生曾认真考虑或计划自杀，4.9% 的人尝试过自杀，34.2% 的学生曾考虑离家出走。俗话说："少年不知愁滋味"，然而，这些孩子的"愁"

是从哪里来的呢？

我们常听见妈妈对孩子说："我为了你的学习花了那么多钱，你怎么还有时间踢球，而不把学习搞好"，"你不能一个人出去，外面很乱很危险"，"你快去看书，衣服我来洗"，等等。这些听起来全都是"爱"的语言，实际上只是以爱的名义对孩子进行一种强制性的控制，让孩子按大人的意愿去做，这会给孩子带来极大的心理压力和精神伤害，妈妈的"爱"也就成为孩子"愁"的重要来源之一。

妈妈都是爱孩子的，但妈妈的行为并不都是爱孩子的，然而，在做出这些行为的时候，妈妈仍然认为自己这么做是为了爱孩子。这些行为就被称之为"非爱行为"。在心理学上，"非爱行为"是指以爱的名义，对最亲近的人进行一种非爱掠夺。"非爱行为"主要有以下几类。

一是带附加条件的爱。"听话！妈妈只喜欢听话的孩子！不听话我就不要你了！""你学习成绩好才是好孩子，妈妈才会爱你！""妈妈养大你这么不容易，你一定要好好争气，不然我就不再爱你了。"相信很多孩子从小就听过这些话，妈妈总是用这样的威胁来训导孩子，这些就是有条件的爱。当妈妈说出这句话时，或者心里有这种想法时，就证明妈妈对孩子的爱是有条件的了。这样的条件存在于如下的潜台词中：你必须服从我、遵照我的指令去做、按照我的设计去成长，否则我就不爱你。乖乖地听话、取得好成绩、考上好学校、给妈妈挣得脸面和荣耀……不满足这些条件，妈妈就不爱你，甚至将你逐出家门。

二是没有原则的爱。妈妈无原则地满足孩子的一切要求，孩子要什么给什么，想怎么着就怎么着。孩子闯了祸由妈妈担着、挨了欺负由妈妈出面摆平、丢掉工作回家来让妈妈养着。表面上看，妈妈"爱"孩子爱过了头，舍不得孩子动手、怕孩子累着、担心孩子吃亏、不愿意孩子受委屈，宁肯自己受罪受累、吃苦牺牲，也不能"亏待"了孩子。很多人把这种感情当作一种富有牺牲精神的值得称赞的"爱"，其实这是一种非常严重的毒害。这种"爱"，远非无私，而是极端自私。深深隐藏在"爱"的旗号背后的，是施"爱"者对受"爱"者强烈的控制欲望。

三是依赖性的爱。孩子是妈妈的"精神寄托"甚或"支柱"，孩子万一有个闪失，妈妈就活不下去。妈妈甚至明确告诉孩子："我就是为你活着！你可不能让我伤心、失望，那样会杀了我的！"人们通常将这样的依赖误认为是爱，这不仅不是爱，而且是对孩子无言的束缚和伤害。

四是永远无法满足的爱。孩子考试得了98分，妈妈说怎么没得100分？孩子当上了三好生，妈妈说你为什么没有当班干部？孩子学会了弹钢琴，妈妈说什么时候才能考过八级？孩子参加学校体育比赛获奖，妈妈说四肢发达、头脑简单有什么用？孩子唱歌唱得很好，妈妈说你别想着能够成为歌手，赶紧好好学习，考试得第一实际点！总之，妈妈的期望像一个黑洞，无论孩子怎样奋斗，都无法满足。妈妈永远没有好脸色，孩子的努力永远不够。

五是牺牲者讨债的爱——"就是为了养你，我耽误了事业，没评上职称，你拖了我的后腿！可你还是这么不争气！""你让我操碎了心！我身体这么不好，都是让你给气的！"这些妈妈把自己放在一个"烈士"的位置上，整天唠叨自己为了孩子"牺牲"了什么，抱怨孩子没有偿还这些"债务"，而且还动不动就被孩子"气"病了。其实，生育子女是妈妈自由的选择，养育子女是妈妈应尽的职责，为了子女而放弃一些事情也是妈妈自由的选择，妈妈应该为自己的选择负责，而不是把责任推到孩子身上。

这些"非爱行为"或多或少都会出现在每一个妈妈身上，很难完全避免，但是却可以通过妈妈的认识和反省来减少。如果妈妈不反省自己的"非爱行为"对孩子的伤害的话，那就是妈妈的失职，也是孩子的悲哀。

● 妈妈的爱，为孩子埋下温柔的陷阱

十月怀胎的辛苦和分娩的"切肤之痛"让妈妈们最能体会骨肉亲情，日常起居上的悉心照料更加深了母亲与孩子之间的感情，母亲对孩子的爱，已经不是"慈母手中线"缝出的衣裳能够代表的了。

也正因为如此，妈妈更容易溺爱孩子，在独生子女的家庭中

尤其如此。

小敏的妈妈是一个全职主妇，体会到丈夫在外面工作的不易，她也要求自己把家里的事情打理得事事顺心。

在对小敏的教育上，妈妈积极地给孩子报辅导班，按时接送孩子，一日三餐都按照营养书上推荐的搭配，保证孩子的身体健康。

平时孩子的任何事情，如收拾书包、穿衣梳头、放水洗澡这些都由妈妈一手操办。在家庭内务上，妈妈尽心尽力，毫无怨言。

而小敏却没有感觉到妈妈的辛苦，在她看来，妈妈所做的一切都是理所当然的，如果哪一次她发现妈妈没有帮她把书包收好，或是给她准备的第二天上学时穿的衣服不如意，就会委屈得掉眼泪。

爸爸长期不在家，妈妈就成了小敏最亲密的伙伴，但凡遇到困难，妈妈总是第一时间帮她解决，但小敏还是常常和妈妈怄气。

不论是出于补偿心理，还是出于对孩子的爱，小敏的妈妈都到了溺爱的地步。这样的做法虽然可以理解，却是很不明智的。

妈妈溺爱孩子，都是为了让孩子生活得幸福，但是孩子能让妈妈呵护多久呢？总有一天，她需要与别人一起应聘、一起工作、一起生活，到那时她的困难谁来解决？

有的妈妈正是知道自己不能保护孩子一生，越发有求必应、百般顺从了。这样的妈妈可以说是不负责任的，因为她没有为孩子的将来做任何打算，并且让孩子错失了很多学习成长的机会，她将一个低能儿抛给了社会，这样的行为不可饶恕！

孩子是需要经受挫折才能健康成长的，溺爱只会让孩子养成不好的生活习惯和性格。被溺爱的孩子很难遵守规矩，也不懂得自我约束，在他看来，规矩是为别人准备的。

由于凡事都有妈妈包办，这样的孩子往往有太多优越感，做事情眼高手低，也不善于与人相处。当别人帮助了自己的时候，在溺爱中长大的孩子也不懂得感恩，反而觉得是理所当然；当他看到别人比自己优秀的时候，不仅不会向别人学习、替别人高兴，还会产生沮丧、嫉妒的消极情绪。

一位母亲为她的孩子伤透了心，她在心灰意冷时去找心理医生。

医生问："当您的孩子第一次系鞋带时，打了个死结，从此之后，您是不是再也不给他买带鞋带的鞋子了？"母亲点点头。

医生又问："孩子第一次刷碗的时候，打碎了一只碗，从此以后你是不是再也没让他刷碗？"母亲称是。

医生接着说："孩子第一次整理自己的床铺，用了很长时间，您看不过去，从此代替他叠被子了，是吗？"这位母亲惊愕地看了医生一眼。

医生又说："孩子大学毕业去找工作，您怕孩子找不着工作，便动用了自己的关系和权力，为他谋得了一个令人羡慕不已的职位。现在您却为孩子的适应能力太差而感到恐慌了！您怕他不能胜任一份好工作，怕他娶不到媳妇，怕他以后过得很凄惨……"

这位母亲更惊愕了，从椅子上站了起来，凑近医生问："你怎么知道的？"

"从那根鞋带知道的。"医生说。

母亲问："我以后该怎么办才好？"

医生说："当他生病的时候，您最好带他去医院；他要结婚的时候，您最好给他买好房子；他没有钱时，您最好及时给他送钱。这是您今后最好的选择，别的，我也无能为力。"

……

这则故事中的母亲，就是用自己的爱，为孩子埋下了一个温柔的陷阱，由于被剥夺了犯错误和改正错误的机会，孩子也失去了独立成长的权利。

当他们在日后的生活中遇到一些不如意的事情，除了向妈妈求救，就只能"独自垂泪到天明"了。

妈妈要让孩子学会自立，首先就要从放开自己的双手开始，让孩子自己系鞋带，即使很慢，迟到了他会因此受到批评；即使系到一起，走路摔倒了他会感到疼痛，但所有付出的代价，都是让他学会改变方法、正确做事的动力。不然，他在将来就会错失很多机会，付出的代价将会更加沉重。

另外，孩子在开始做事情的时候，需要适当的鼓励和即时的指导，如果妈妈不在身边，孩子很容易感到孤独和被忽略，因此妈妈对孩子的爱要把握一个恰当的尺度。

妈妈们应该明白，溺爱孩子实际上剥夺了孩子生活中许多重要的东西。比如剥夺了孩子的自主权。溺爱的妈妈多为掌控型家长，喜欢一手包揽，诸如小到穿衣，大到前途，都要为孩子做打算和决断，孩子容易丧失自我，能力退化，胆怯，容易对妈妈产生既抱怨又依赖的矛盾心理。比如剥夺了孩子的自信心。溺爱孩子的妈妈给予孩子的负面信息要多于正面信息，常常喜欢限制孩子的活动，诸如：这是不能拿的，那是不能碰的，致使孩子运动游戏的能力差，和同伴玩不到一起，内心因此自卑孤独。甚至剥夺了孩子的感恩之心。溺爱的妈妈倾心包揽，不给孩子任何成长的机会，也剥夺了孩子帮着做点力所能及的家务、参与家庭活动的生活体验。

妈妈的爱，不是越多越好，小心你泛滥的爱，为孩子埋下温柔的陷阱，困住孩子的人生！

畸形的母爱，成为孩子自私的源泉

苏联著名教育家苏霍姆林斯基曾说："在没有明智的家庭教育的地方，父母对孩子的爱只能使孩子畸形发展。这种变态的爱有许多种，其中主要的有：娇纵的爱，专横的爱，赎买式的爱。"

现在，很多妈妈"先孩子之忧而忧，后孩子之乐而乐"，她们节衣缩食，看着孩子吃好的穿好的玩得痛快，妈妈比自己享受还要陶醉。

可是这些妈妈没有意识到，她们在为孩子无条件付出的同时，也使孩子养成了自私、任性、骄横、懒惰、狭隘、霸道、缺乏责任心、缺乏爱心和同情心、不关心他人等不良品行。

一个偏远山村一个农民的宝贝女儿考上了某重点大学。这个喜讯让全村都轰动了。

贫穷老实的父母咬紧了牙关，才凑齐了近万元的学费。虽然老两口每日劳累，可是他们的内心却很欣慰，毕竟一切等女儿毕业就好了。

谁知不久就接到女儿的信："要买学习资料，速筹2000元寄来。"

父亲为了给女儿凑学费，已经家徒四壁，负债累累，根本就拿不出这么多钱给宝贝女儿——他只能做一件事情，那就是到城里的血站去卖血。

当老汉把借来的和自己卖血换来的2000元寄走后，他的心放下了，终于能让女儿踏实地学习了。

可他哪里知道，这次要钱还仅仅是个开始。

女儿要钱都是有用处的，再苦再难父亲也得支持。家里是一分钱也拿不出了，只能靠卖血来供养女儿读书了。

忠厚的父亲用别人的身份证托人办下了七个献血证。每个星期都要卖两次血，才能供得上女儿的消费。

4年里,老汉共卖血获得75500元,老汉为女儿所卖掉的血,用一个大汽油桶还装不完。

好不容易女儿毕业了,父亲心想,终于可以松口气了。不想,女儿在城里找到了工作,就再也没有和家里联系过。这让老汉十分牵挂。

一天,衣衫褴褛的老父亲千里迢迢来到了女儿的工作单位,探望许久没回家的女儿。

不想,老汉刚在女儿公司门口露面,女儿就把父亲推到了远处,还埋怨他怎么不穿好点,这么寒酸,太让自己没有面子了。

埋怨完父亲,女儿很不耐烦地从口袋里掏出200元钱递给了父亲,让他搭乘当天的火车回去,并告诫他没事别来找自己,对自己以后的发展不好。

老父亲接过钱的一刹那,几乎要昏过去……

看了这个故事,或许你也会为文中的"老父亲"心酸。然而,这位"女儿"的做法不是没有缘由的,父亲过度的爱、毫无原则与分寸的纵容,是造成"女儿"如此绝情的根源。

有的妈妈疼爱孩子,家里有什么好吃的东西都只给他一人吃。时间长了,在孩子的思想上形成了一个定式:好的东西只能由我享用。

有一个三口家庭吃饭时,孩子总是把自己喜欢的菜拉到自己面前,恨不得一个人全部吃掉。

妈妈随着孩子,也专门把孩子爱吃的菜放到他面前,自己干瞅着不吃。孩子吃独食看起来是小事情，但是小事情却会产生大问题，这可是这位妈妈没有想到的事情。

孩子吃惯了独食，有东西只想一个人吃，玩具也只能自己一个人玩，自私自利思想由此产生。

一位母亲平时总是把削去皮的苹果给女儿吃，自己却吃苹果皮。一次当她尝了一口苹果时，3岁的女儿竟声色俱厉地吼道："你怎么吃苹果！吐出来！"这位妈妈声泪俱下："她那么小，就这样对待我……"

孩子如此对待妈妈，确实可怕。但问题的起源在于妈妈的权利丧失，甘愿为子女当马牛，直接导致家庭教育失败，导致了孩子自私、任性而且霸道的性格。

由于许多妈妈没有认识到孩子吃独食的危害，觉得吃独食没什么大不了的，其实孩子吃独食的后果很严重。

一项调查表明，当今的中小学生明显表现为自私和责任心差，他们以自我为中心，而对父母缺乏应有的关心。调查发现，有27.8%的中小学生不知道父母的爱好，有100%的中小学生知道自己的生日，而有33.3%的中小学生不知道父母的生日。他们把父母为自己的付出看作天经地义、理所当然的事情，进而体会不到父母养育他们的艰辛。

妈妈"有了孩子，没了自己"，到头来换来的却是孩子心中"只有自己，没有妈妈"。

抚养出这样的孩子，做妈妈的难道不痛心吗？但这却是妈妈自身的过错造成的恶果。

我国老教育家刘绍禹曾经说过："不要太关心儿童。……太关心了容易养成孩子的自我中心心理，结果变成自私自利的人。"

孩子的自私自利并不是天生的，很多是随着妈妈畸形的爱滋生出来的。妈妈们，请反思一下你的爱，不要让你畸形的爱，成为孩子自私的源泉。

第二章

给孩子高质量的爱，
爱得多不如爱得对

● 妈妈宠爱孩子有方法，要宠不能惯

今年一开学，某学校脑瘫班的乐乐，现在连路都不怎么会走了，而上个学期期末的时候，她走路非常好，虽然时不时会摔倒，但是可以自己独立行走。大家都夸她练习认真，成果明显。结果这个学期怎么突然就退缩了呢？

原来这个暑假，乐乐的保姆去照顾姐姐的孩子了，没有时间照顾她，因此乐乐的生活都是由妈妈负责的。而乐乐的妈妈由于孩子的缺陷，非常自责，对孩子十分迁就，哪怕是乐乐说："无论我说什么，无论我说的是对的还是错的，你都不准反驳"，妈妈都没有任何的意见。在家里，乐乐称王称霸，家里人不敢说半个不字。因此寒假的一个月时间里，乐乐就整天坐在家里看电视，从来没有好好地锻炼自己的身体，更别说专门的练习走路了。一个月不练习的结果就是：现在连走路都有问题。

宠爱孩子，这是孩子的福分。所谓的宠，应该是满足孩子在成长过程中的感情需求，这样宠出来的孩子在日后的成长过程中会更加自信。天下的妈妈没有不宠爱自己孩子的，但是，并不是所有的妈妈都懂得宠爱孩子的尺度，这是孩子的不幸。对孩子的宠爱，应该有度，如果宠爱无度，就会变成溺爱。溺爱会给孩子

带来一系列的不利影响：助长孩子的任性和娇气，弱化孩子与外界交流的能力，埋没孩子处理各种事情的潜能。

有一些妈妈，从来不让自己的孩子做任何的家务，对孩子的各种要求几乎是"有求必应"，当孩子遇到各种困难，都先迎难而上。一句话概括就是，妈妈在极力创造一个让孩子感觉到没有任何委屈的环境。这样做的后果，孩子无疑是得到了安逸，万事不求人，但是这样做的同时，也把孩子应该具备的社会适应能力和免疫力舒舒服服地破坏掉了。

妈妈对孩子无度的宠爱还会使孩子在潜意识中形成"唯我独尊"的错误意识，他们成了家里的上帝，他们的喜怒哀乐左右了家庭的气氛。在学校中，有不少孩子是任性不羁的霸王，没有任何人能和他沟通，没有任何规则能够约束他。

妈妈对孩子过度宠爱，原因大致有以下几个方面。

1. 妈妈小的时候自己受苦太多，曾经感受过贫苦生活给自己带来的折磨，现在自己事业有成了，总觉得不能让孩子再像自己从前那样受苦，所以千方百计给孩子最大的满足。

2. 有的妈妈从小生活在富裕的生活环境里，并且现在的条件要比过去好很多，所以就觉得孩子一定要过得比自己舒服才算是跟上了时代进步的步伐，才算是不委屈孩子。

3. 有的妈妈由于经常不在家，长期在外拼搏，无暇照顾孩子平时的生活，总觉得自己对孩子有亏欠，所以就容易在物质方面尽量满足孩子，甚至容忍孩子挥霍金钱。

任何东西如果给的太多了，人的感觉就会钝化，爱也是如此。妈妈对孩子如果爱得太多，那就是糊涂了。因为无论是什么原因导致溺爱心理的产生，最终都会导致孩子心理发展的障碍。

1. 被过度宠爱的孩子容易变得无情，只喜欢一味地索取，不懂得付出。

2. 被过度宠爱的孩子容易变得无能。如果妈妈帮助他做了很多本该属于他做的事情，过度的照顾让孩子的品德、智力甚至是身体发育停滞不前。妈妈可以给予孩子生命，但却无法担负孩子的一生，孩子迟早要独自面对他自己的事情。

3. 被过度宠爱的孩子基本上缺乏自强的精神，缺乏自立的能力，承受不了任何风风雨雨，心理的抗挫能力极差。有些孩子会在日常的生活中有一些具体表现，比如缺乏自我控制能力，行为怪异；不能控制饮食；在活动中不守秩序，如果别人不按照自己希望的方式就会大吵大闹；很少为别人考虑；不能与别人一起分享成果。

4. 被过度宠爱的孩子会表现得很难适应社会，因为过分娇宠的孩子容易自私、任性、放肆、骄傲、易发脾气、不遵守规则、没有公德等。这样的孩子一旦走上社会，往往高不成低不就，大事做不来，小事不肯做，注定要失败。

在当今我国的独生子女身上，过度宠爱、娇生惯养的危害体现得淋漓尽致，而西方国家的孩子相对来说就独立很多，所以，我们的妈妈可以学习先进的育子智慧。在美国，无论家长是高官还是富豪，从来都不给子女零花钱。而子女的零花钱大多是通过课余或假期的打工中"按劳取酬"获得的。不仅如此，当子女成长到了 18 岁的时候，他们就再也不会在经济方面依赖自己的父母，而是必须要自食其力。而这些美国孩子也把长大了还向父母伸手要钱视为是一种耻辱，自觉地凭劳动和智慧来挣钱料理自己的生活。总之，要想孩子独立，就要从小培养他的独立意识，不能娇生惯养、过度溺爱！

妈妈爱孩子，这是人之常情，大家都理解，但是千万不要"过度"。爱孩子不能只用感情，爱孩子需要用智慧，教育孩子时坚持"要宠不要惯"的原则才是最好的方法。

● 被孩子接受的爱才是孩子幸福的源泉

漂亮机灵的梅子是妈妈的心肝宝贝，妈妈把家里所有的好吃的都留给她吃，给她穿最好看的公主裙，给她比同龄小朋友更多的零花钱，但是，渐渐长大的梅子越来越不喜欢妈妈给的东西，例如她不喜欢吃妈妈给她买的巧克力蛋糕，不喜欢妈妈经常要她穿的泡泡裙，不喜欢妈妈因为害怕她受伤而不让她和小朋友去玩游戏……梅子向妈妈抱怨了很多次，但是都没有效果，妈妈依然按照自己的意愿给梅子这些她不喜欢的东西，久而久之，梅子开始讨厌妈妈。她不再喜欢笑了，也不再对妈妈给的东西感兴趣，她甚至觉得妈妈不像以前那么爱她了。

梅子妈妈无疑是非常爱她的，爱孩子是每一个妈妈的本能反应，但是有爱不代表就能让孩子感到快乐，不代表孩子就能感受到生活的幸福。妈妈的爱，只有被孩子接受了才能让孩子感到幸福。

既然爱要以孩子的接受为标准，那平常就应该多思考：孩子想要的到底是什么？怎么表达爱，孩子才更容易接受和理解？生活中总是有些妈妈，宁可自己省吃俭用，也要让孩子在物质上应有尽有，但在精神上经常忽略孩子的需求，对孩子的情感和人格缺乏应有的尊重，这样也很难让孩子体会到妈妈无私的爱。所以作为孩子的妈妈应该尽可能多地和孩子在一起。每个孩子都需要从妈妈那里得到足够的重视。每天工作之余，妈妈应腾出一些时间参加孩子的游戏，和孩子一起读书，为孩子提供接触外界的机会，学会倾听孩子的心声。与孩子谈话也为妈妈提供了一次了解和教导孩子的机会。这样，妈妈就能够在第一时间知道孩子到底需要什么，怎样的爱他们才愿接受。

在生活中能感受到妈妈爱的孩子才能被幸福的阳光照耀。不接受妈妈的爱，拒绝关爱的冷漠的孩子不会被幸福垂青。

冷漠的孩子内心总是寒冷的，也许他得不到妈妈的关心，也许是不接受妈妈的关爱，也许是接受不了妈妈关爱的方式。他们总是在寒冷中挣扎，感受不到温暖，也感受不到生活的幸福。那么，我们应该怎样才能让孩子冷漠的心感受到温暖，感受幸福呢？

这说难不难，说简单也不简单。面对生活中日渐冷漠的孩子，想让他们感觉到爱的幸福，要一步步融化孩子的冷漠。

第一点，改变冷漠就要让孩子从身边的小事开始，比如，每天多问候一声爸爸妈妈，多给朋友一个微笑，多为集体做一件好事，多看一眼今天明媚的阳光等。这样做，可使孩子得到爱与热情所带来的充实和快乐。

第二点，带领孩子到生活中去感受"热心"的暖流。书画家为拯救灾民的义卖书画活动；社会各界为"希望工程"的捐助活动；为美化校园，每人献上一束花的活动……应创造条件、提供机会，让孩子去感受这些活动。

第三点，就是强化孩子的"热心"行为。当孩子扶起倒在地上的自行车，当孩子给上坡的三轮车助上一把力，当孩子把自己的新书送给贫困地区的同学，当孩子为正在口渴的奶奶送上一杯茶……当孩子出现这些"热心"行为时，妈妈应及时地给予表扬、鼓励。这样，在强化孩子热心行为的同时，就抑制了"冷漠"心态的滋生。著名的女作家刘继荣在这方面做得很棒，她每个周末都会带着孩子去广场上帮助有困难的人，时间久了孩子就养成了一种习惯，每当别人遇到困难的时候，他就会主动去关心。在别人痛苦消失中孩子露出了幸福的微笑。

最后一点，是训练孩子的"同理心"。所谓同理心，是指能站在他人的立场，从他人的角度去思考问题，去体验情感。亦即能设身处地想他人之所想，急他人之所急，乐他人之所乐。例如，可以开展"假如我是……"的角色换位活动，使孩子理解、体验假想角色的内心感受，改变原来的冷漠态度。一位下岗职工的孩子正是通过"假如我是下岗的妈妈"的角色换位活动，体验到妈妈的烦恼，认识到妈妈的不容易，从此改变了原来的做法，与妈妈的心贴得更近了。

经过这样的训练，孩子逐渐能体谅妈妈的爱，同时还学会了去帮助别人。渐渐地冷漠就会离他远去。不冷漠的孩子才能深切感受爱的含义，更容易沐浴爱的幸福的阳光。另外，妈妈要想孩子更多地去享受生活的幸福，还应该让他明白：人活着不只是为了享乐，人存在的最大价值在于被他人需要。当孩子感到被需要的时候，这种感情就会使他有旺盛的精力。这股力量会促使他不惧怕面前的困难和挫折，勇往直前。被别人需要，是人的一种天性，也能体现出一个人的价值。在某些特定情况下，一个人如果不被别人需要，生存也就失去了意义。

幸福并非一颗美丽、难以寻觅的巨大宝石，无论孩子付出怎样的努力也无法找到它；只要妈妈的爱能让孩子接受，融化他那颗冷漠的心，同时还能感觉到他自己被人需要的价值，内心就会充盈，幸福就会不自觉溢出。

● 爱是合理的给和合理的不给

毛毛是家里的独子，自从出生就集万千宠爱于一身，爸爸妈妈、爷爷奶奶、外公外婆、叔叔姑姑、人人都对他疼爱有加，有求必应，只要他眼里流露出对某样东西的好奇或是喜欢，家长马上就把这个东西送到他手上，这就养成了毛毛要什么就必须得到什么的习惯。一个冬天的晚上，妈妈带着3岁的毛毛去朋友家串门。回家的路上毛毛突然发现一直攥在手里的一块糖果不见了。那块糖果是妈妈的朋友给的，他家没有这样的糖果。毛毛着急得哭了起来。爷爷奶奶、爸爸妈妈都来安慰他，并承诺第二天给他买他最喜欢的玩具。但毛毛没有妥协：我要！我要！我一定要！！

毛毛打着滚哭闹，爷爷奶奶、爸爸妈妈看着实在心疼，便带上照明工具倾巢而出，沿着回家的路拉网式搜寻，眼看午夜12点了，糖果还没有找到，妈妈看着因绝望而死去活来的孩子，终于硬着头皮敲响了朋友家的门，把已经睡着的朋友一家人吵醒找那块糖果。

经历小小的失望就歇斯底里，预兆着未来灾难的来临。毛毛长大了，想找一个女朋友，但他喜欢的女孩根本看不上他。他不再打滚哭闹，而是拿起一把刀子割破了自己的手腕。医院里，毛毛被抢救过来，但是他又开始绝食。父母哭着对她说："你想把我们急死？不就是一个女孩吗？人生的路还长着呢，好女孩多得是。"但他恨恨地说："我就要她！要她！一定要她！！"

独生子女最大的问题，就是得到过多不合理的爱的问题。他们一切合理的不合理的要求都得到满足，并且没有兄弟姐妹来分享，这样的成长经历让他们养成无限制索要的习惯，并且觉得父母就应该也能够满足自己的需要，这是天经地义的事情，不用感恩也不用怀疑。也许在孩子小的时候，父母觉得满足小孩的要求不是件难事，只要孩子开心就好，但是，没有一个家长能满足孩子一生的所有需要，当你的孩子欲求未满时，当你没有能力给予他时，孩子会怎么样？上述事件中因为追不到女孩而割腕的毛毛是对所有不理智满足孩子需要的家长的警醒。

父母对孩子过度的爱容易造就一批自私、不懂感恩、心智不成熟、人格不健全的儿女，真正伟大的爱不是无限制的给予，而是合理地给的同时也有合理地不给，它是合理地安慰、鼓励、督促、给予，也是合理地争执、对立与批评。它是一方面尊重孩子生活的独立性，另一方面又给予孩子积极的引导。

因此，妈妈在教育孩子的时候，不要给予孩子过度的爱，不能溺爱和娇惯，要让孩子明白不是所有想要的东西都能到手；爸爸妈妈不是能帮你实现所有愿望的超人；如果家长满足了你的需求，要感谢他们的辛勤付出；干净的衣服、可口的食物、舒服的环境，这一切都不是理所当然的；好东西是应该与别人分享的。当孩子了解了这些事实后，他会迅速长大，懂得感恩、懂得分享、懂得控制。孩子生来是一张白纸，关键在于妈妈在上面写下什么样的思想情感。不要在白纸上填满色彩，也不要给予孩子太满的爱，凡事留点空间，才有更多的美感。

给予孩子爱，是所有妈妈的本性，这不是件难事。正如美国心理学家斯考特·派克所说的，对孩子的溺爱和对宠物的爱有一致性，可以说是一种父性或母性的本能。它不需要努力，不需要经过意志抉择，并且对心灵的成长毫无帮助，所以不能算是真爱。虽然溺爱也能帮助建立亲密的人际关系，但要养育健康而心智成熟的子女，还需要更多的东西。所以，真爱不是只会给予的爱，而是合理地给与合理地不给的理智的爱。

虽然，这样做的妈妈经常会处于一种两难的困境当中，一方面要尊重所爱的人在生活和人格上的独立，一方面又要适时提供爱的引导。这种真爱复杂而艰巨，需要认真思考，需要不断创新。但是，为了孩子健康成长，妈妈多花点心力又有什么关系呢。

● 封闭的爱也是对孩子的伤害

文文是家里的独生女，从小娇生惯养，不用做任何事情，而且受到的是"这样不行""那样危险"的过度保护。一次，文文下楼跟小朋友玩，发生了小小的争执，文文被小朋友打了一拳后，妈妈再也不让她出门玩耍。"不要去跟那些小孩玩，他们是坏孩子！"上学后，妈妈也不让文文和同学交往，慢慢地，文文变得越来越孤僻和高傲，她总是拿自己和别人对比，总是觉得别人不如她，而一旦发现有人比她好时，她心里就极其不安，常常为此感到痛苦和焦虑。

生活中，有很多独生子女像文文一样，从小就在一个比较封闭的空间中生活，而一旦离开妈妈营造的幸福温暖的空间后，他们就容易心神不宁，焦虑不安，不知所措。医学上认为，这样的人，精神上就像一个外形完整的蛋壳，从外表看个性极强，但内心空虚、脆弱，只要轻轻一捏，就成了碎片。因而，他们只要一离开妈妈的保护，就难以适应，抗击挫折的能力差。

这也就是如今独生子女心理问题的主要来源之一。独生子女本来接触别人的机会就少，妈妈却没有意识到要多给孩子提供接触社会的条件。有的妈妈在孩子上幼儿园之前，把孩子交给爷爷、奶奶或保姆照看，他们又经常把孩子限制在屋子里，或者经常抱着孩子。不让孩子自由行动，使不少孩子没有经过必需的爬行阶段。这也不让孩子摸，那也不让孩子动，孩子虽减少了一些危险因素，却大大影响了孩子的身心发育和智能的发展。有个妈妈忙于工作，把孩子放在姥姥家，姥姥怕孩子出去学坏，就把孩子关在家里看电视、看书。孩子长大后性格特别孤僻、胆小退缩、好幻想、神经质，最后得了强迫性思维症。

有些妈妈虽然自己带孩子，却很少带孩子去户外游玩，不让孩子到别人家串门儿，结果孩子的性格变得胆小、内向、孤僻，不会和别人交往，甚至孩子一到陌生环境或见到生人就哭，到公园也不敢玩游乐设施。还有的家庭，爸爸基本不参与到孩子的生活中，孩子完全由妈妈一个人带，儿子和妈妈在一张床睡，和妈妈总黏在一起，感情上完全依赖妈妈，结果造成男性性格女性化。

除了不让孩子和社会接触，妈妈们还经常包办孩子的一切事务。什么家务也不让孩子做，更不让孩子参加社会活动。有个5

年级的小学生，妈妈除了让他学习和练琴之外，什么也不让他做，包括看电视、游戏、运动、交往、家务等等。孩子学习成绩很好，小提琴考到8级，但因压力过大、生活过于单调而患了精神分裂症。这就是过度封闭而单调的生活，致使孩子的动手能力、独立解决问题的能力、社会适应能力都很差，责任心、自信心都不强。

另外，妈妈都希望自己的孩子越单纯越好，所以从小给孩子提供的教育方式、教育内容、生活环境是纯而又纯，甚至在价值观念上对孩子的教育都过于单纯。她们总是习惯于对孩子说教，给孩子现成的是非观，经常说孩子"你不应该这样，应该那样，你这样不对"，很少启发孩子自己思考，自己面对困难及解决问题。孩子对事物没有自己的判断力和价值观，经常陷入偏执的思想中。

有个初中生，不愿意住校，不愿意和同学交往。原因是她嫌同宿舍的同学吃饭会发出声音，咳嗽不捂嘴，睡觉前爱说话，等等。她家条件很好，单独一个房间，没有人打搅她，所以她认为在哪儿都应该那样，有人打搅她就觉得厌烦，无法忍受。她在班上一个朋友也没有，问她为什么不交朋友，她说："他们都不是好孩子，因为他们说话带脏字，妈妈说，讲脏话的孩子不是好孩子，所以我不能和他们玩。"

妈妈绝对没料想到自己对孩子的保护和教育，竟使得孩子变得如此孤僻和不合群，这个时候妈妈再来后悔，就迟了。

所以，不是越多的保护对孩子越好，不是越单纯的生活对孩子越有益，封闭的爱也是对孩子的伤害。

妈妈要知道，我们给孩子的教育、给孩子提供的生活环境过于单调的话，孩子就没有机会发展自己各方面的能力，就没有能力去应对将来复杂的生活。所以，该放手时就放手，该复杂时就复杂！

● 过度呵护会引发孩子的"母源病"

最近，嘉嘉成了医院急诊室里的常客，他总是在周末的时候无缘无故地发烧。医生给他做了全面的身体检查，也没查出有什么毛病。除了发烧，嘉嘉一切正常。刚开始的时候，嘉嘉的妈妈以为是医院的医疗水平不高，查不出来，但是，跑了好几家医院，结果都是一样的：除了发烧，嘉嘉其他的一切正常。

嘉嘉的妈妈很纳闷，这孩子是怎么了？经过反复的检查，医生认为，嘉嘉的毛病不是出在孩子身上，而是出在妈妈身上。因为小时候，嘉嘉身体不是很好，经常一生病就发烧。因此，妈妈对嘉嘉呵护有加，嘉嘉身体稍有一点不舒服，妈妈就如临大敌，时时都很紧张。嘉嘉长大后，妈妈还是这个样子。于是，妈妈的过分担忧，间接地影响了嘉嘉的身体状况。而且，一到周末，妈妈就特别紧张，常把嘉嘉关在家里，不让他出去和小朋友玩耍，她怕嘉嘉出去玩会突然发烧。即使偶尔带嘉嘉出去，她也总是问嘉嘉："有没有哪里不舒服？"或者"有什么不舒服，马上告诉妈妈！"

孩子发烧，问题出在妈妈身上！听起来不可思议，但这种情况并不少见。如新生儿妈妈担心奶水不够而焦虑，新生儿就会受到妈妈的影响，出现烦躁、不安等不良反应。

日本的一位医生把由于妈妈或家人的原因造成孩子"生病"的异常现象称为"母源病"。事实上，孩子表面上看起来是生病了，但实际上并没有什么病理上的表现。例如，孩子很乖，但是总是莫名其妙地每个月都会患感冒，而且不容易治愈。实际上，发生这种症状的原因，却是双亲养育子女的方法造成的，这就是母源病。

有的妈妈，自孩子出生起便有了沉重的精神负担，她们时常惦念孩子，会因孩子的某些细微变化而惶恐不安。如上班时突然想到孩子会生病，会食物中毒，就会马上放下手头的工作去看孩子，只有这样才能心安；在孩子外出玩耍时，总会有一丝不祥之感，要求孩子一直留在自己身边；即使孩子睡熟之后，也会突然去看他是否感冒发烧；如果孩子伤风感冒，肚疼拉稀，她们更是心急如焚，会带着孩子四处求医，并为此寝食难安。妈妈的这种紧张和恐惧的情绪会强烈影响孩子，使他们也终日惶惶不安，一时见不到妈妈，便会六神无主，并会因此影响饮食和睡眠。这些孩子明显地比其他孩子胆怯、脆弱、易哭，在心理和生理发育上也明显地劣于其他同龄的孩子。

有的妈妈将孩子视为心肝宝贝，因此，不惜一切代价让孩子吃最好的，穿最好的，玩最新的，不让孩子做一点家务，生怕委屈了他们，若是遇上孩子与小朋友发生口角，无论有理还是无理，总会站在自己孩子这一边。过度的溺爱使孩子在生活上过度依赖妈妈，缺乏自立和吃苦精神，缺乏上进心，心理上也变得十分脆弱。当他遇到小挫折时，便会因缺乏应变能力和单独处理事务的能力而不知所措，如果遇到较大挫折，其中有些人会因不堪承受心理压力而产生自杀企图或自杀行为。

母源病会对孩子在心理、行为上产生极大伤害，因此，那些对孩子过度保护的妈妈们，请放开手，相信孩子自身的免疫力，让孩子自己去经历风雨吧！

妈妈担心孩子体弱多病，结果却不断地在行动和语言的强化中，让这种担心变成了现实。要改变这种情况，首先应该破除行为上的"疾病"强化。为防止孩子生病，妈妈将他包着、捂着，结果孩子的体质变得更为虚弱，形成一个恶性循环。因此，从孩子出生开始，妈妈就要打破这个循环。

其次，应该破除语言上的"疾病"强化。为了孩子的健康，需要增强他的心理免疫力。如果你在孩子的面前不断地强调"你体质弱，身体不好"，孩子就会真的以为自己弱不禁风，于是稍有不适，他就立即会倒下。如果孩子在生病时能得到特别的呵护，他还会逐渐地将生病看作是自己的特权，长此以往，他会变得特别在意自己的身体，时刻留意自己身体的不适之感，期待所有人的同情和怜悯。

此外，还要给孩子一个积极的心态，激励孩子与病魔作斗争，把孩子身上的免疫力充分调动起来。威廉·丹福斯从小就是一个身体不好的孩子，但是他的老师用"我相信你""我相信你将成为学校中最健康的孩子"等话语鼓励他，他果真变成了学校里最健康的孩子！他在85岁逝世之前，帮助数以万计的青年获得健康的身体，还帮助他们立志高尚、做事刚勇、服务谦逊。人的身体与心理有着千丝万缕的联系，积极的心态对孩子的一生是至关重要的。

爱孩子就要让孩子感到自己"得宠"

美国向来是以推崇独立和冒险精神而出名的，我们印象中的美国孩子也都是很有主见，很独立的，他们的妈妈应该不会宠爱孩子。但是，其实在美国的家庭中，特别是在很多中产阶级的家庭，妈妈往往对孩子宠爱得有点过头。妈妈的这种宠，在一定程度上是以另一种方式与孩子互动，孩子可以从妈妈的点点付出中获得爱的回应。这样一直被宠大的孩子，在小的时候有助于感情和智力的成长，在稍稍长大之后有助于培养自信心。可以想象，如果一个孩子从小就生长在被妈妈置之不理的环境中，那很有可能将丧失掉对外界沟通的欲望，接受外来刺激的信心也不足。而当孩子从小就成为家庭的中心，被妈妈鼓励和外界沟通时，他就可以有更多的机会发出自己的声音和见解，所以比那些在家里管教过严的孩子要活泼得多，智力的发育也比较充分，快乐幸福指数也更高。

美国是强调独立精神的社会，但是也不妨碍孩子们明显地感受到妈妈的宠爱。妈妈们知道，让孩子"得宠"，不是对孩子的溺爱，而是对孩子的滋养。

在美国，女性无论身居任何社会高位，只要是结婚生子，照顾家庭就是第一职责。不仅传统观念如此，美国法律在对照顾儿童这一方面也有详细的规定，比如12岁以下的孩子不可以独自在家，所以母亲的责任就更为重大了。美国有不少的职业女性在结婚之后根本扛不住家庭与事业的双重压力，只好退回家中做起了专职主妇。

妈妈作为家庭中的强大后盾，在生活上对孩子的照顾无微不至。美国的中小学一般中午都会免费提供午餐，但是很多妈妈觉得学校里的饭也许不合孩子的口味，或者食品不够健康，还要额外准备一份午餐送到学校来。

在美国的家庭中，孩子们一般不会主动承担家务。如果要求孩子自己整理房间的，会被视为管教严格的家庭。为了培养孩子们一点点的劳动习惯，妈妈们就用零用钱来"悬赏"。

在美国大多数的城市，凡是住家离学校有1英里以上的中小学生，无论是上学放学都有学校的校车来接送。所以这些孩子在上中学以前，每天都要由母亲来"护卫"。在每天的放学时分，人高马大的美国孩子在学校门口张望着等待妈妈来接他们回家，可以算得上是美国学校最有趣的景象之一了。一般当孩子上了高中都开始热衷于学习驾驶汽车，这时妈妈无疑要担任教练，负责传授技艺。

美国的学校中有各种兴趣小组。如果学生对某个兴趣小组很热衷，妈妈一般都会介入帮忙，包括向小组提供赞助，帮忙联系活动，等等。不仅如此，美国的妈妈基本上每天都会帮助孩子辅导功课，特别是高中生，学习压力太大，妈妈总是希望可以帮助孩子分担一部分。

另外，美国的妈妈也比中国的妈妈更容易用言语和身体语言来表达对孩子的爱。"我爱你！"是她们对孩子最常说的一句话，而温暖的怀抱是她们时时刻刻传递爱意的渠道。这对于受含蓄的东方文化影响的中国妈妈们来说，不是件容易的事。很多妈妈没有对孩子说过"我爱你"，以为孩子自然会懂妈妈的爱，但是，想让孩子感受到他对你有多重要，为什么不直接告诉孩子你有多爱他呢？

其实，孩子很需要妈妈的宠爱，一声"宝贝儿"，一句"我爱你"，一个含情脉脉的眼神，一个信任的微笑，一个温暖的拥抱，一份浓郁的安全感……都是妈妈爱的信号，孩子需要从这些信号中感受到自己是被爱的，感觉到自己是"得宠"的，所以，他对未来充满信心，他在成长中充满能量，他的一生充满幸福快乐！所以，妈妈不要吝啬对孩子的爱，不要疏于对孩子爱的表达，让孩子感受到自己"受宠"，这是妈妈的责任和义务，也是孩子的福气和能量之源！

● 掌握向孩子表达爱的途径，不要忽视爱的表达

有关的研究表明，如果孩子在 1 岁的时候没有得到充足的爱，将来或多或少会表现出人格的缺陷。心理学家认为妈妈与孩子的关系具有绝对的依赖性，不仅在生理上需要得到妈妈的照料，同样在心理上渴求来自妈妈的爱。如果一个孩子在幼年的时期严重缺乏妈妈的关爱，在他成人之后就完全不知道如何给予他人关爱，甚至一生都会受其困扰。

有些妈妈感到疑惑，甚至并不认同这样的说法。天下的妈妈没有不是一心在为孩子着想的，哪有不爱孩子的妈妈？但是，很多妈妈不了解自己的孩子究竟需要的是什么样的爱。妈妈感到很头痛，孩子也感到很难受。

很多妈妈对孩子的关心可以说是到了无微不至的地步，甚至可以说是具有无私的奉献和牺牲精神。她们为了孩子能够更好地成长，省吃俭用，节衣缩食，把全部的财力和精力都奉献给了孩子，帮助孩子创造最好的物质条件和学习条件，只要是别的孩子有的，我的孩子也一定要有。这样对待孩子，能说是不爱孩子吗？结果，孩子的心理出现了障碍，与妈妈的隔阂反而越来越大了。于是很多妈妈不禁感叹："教育孩子可真难啊，我费了那样多的心血，可是他却这样对我！"

妈妈对孩子的爱，如果仅仅是物质上的奉献是远远不够的。妈妈对孩子的爱，还应该包括对孩子的尊重，亲子之间亲密、平

等的交流。有一个小学生在他的日记中就写道："我希望，妈妈能够经常对我笑，能在我睡觉之前和我说声晚安。"孩子是多么渴望与妈妈的感情交流啊。作为妈妈，不要总是觉得自己有多么的爱孩子，重要的是让孩子能更多地体验到妈妈对他的爱。很多妈妈为了孩子都付出了巨大的代价，但是她们的孩子却很难体会到妈妈的爱，使爱的质量大打折扣。

所以，妈妈不仅要会爱孩子，还要会向孩子表达爱。那么怎样正确地向孩子表达爱意呢？美国宾夕法尼亚大学莫尔学院一位博士认为：妈妈应该给自己准备一份自我检查表，经常对照检查。检查的内容有：

1. 告诉孩子"我爱你"。

2. 通过温和的触觉传达对孩子的爱意。

3. 关心孩子的行踪。

4. 让孩子明确什么是对，什么是错。

5. 对孩子每一个小小的进步表示认可。

6. 向孩子询问对父母是否有意见。

7. 耐心地回答孩子提出的各种问题。

8. 交给孩子一些工作，让他懂得承担责任。

9. 让孩子对自己有足够的信心。

10. 尊重孩子的人格。

这位博士在研究过程中，为妈妈总结出向孩子表达爱意的3条途径：

第一，每天有固定的时间与孩子进行交流。可以是坐在地板上与孩子一起做游戏，可以是帮助孩子完成学习计划，可以是与孩子一起欣赏光盘。

第二，用和蔼的语言让孩子感觉到被认同。当孩子向妈妈表达一种感受的时候，妈妈应该是以同样的心情回应他。

第三，帮助孩子正确表达自己的情绪。妈妈可以限制孩子的行为，但是要让孩子充分地表达自己的情绪。交给他正确表达情绪的方法，并不是单纯靠哭闹就可以解决问题。

以上这些方法仅仅是表达爱意的几种方式，相信妈妈在与孩子的相处中，能够得知更多地向孩子表达爱意的途径。也许你某种方式的拥抱，让孩子笑得特别开心；也许你和孩子在一起玩的某个游戏，让孩子离你更近；也许你说的某一句话，让孩子可以乐上几天。这些都可以成为你今后向孩子表达爱的重要途径，其实，只要妈妈用点心，孩子就能更好地体会你的爱。

与孩子保持适当距离，也是对孩子的爱

英国有一个心理学女博士说："世上所有的爱是以聚合为最终目的，只有一种爱是以分离为目的，那就是父母对子女的爱。所以父母真正成功的爱，就是越早让孩子作为一个独立的个体从你的生命中分离出去，你的教育就越成功。"

距离和独立是一种人格的尊重，这种尊重在最亲近的人中间也该保有。所以，妈妈与孩子之间，也需要距离来润滑和调节。

　　一位精力充沛的德国父亲，常常在孩子伯尔面前提到中国，后来，伯尔真的来到中国，研究中国历史和文化。伯尔非常感谢父亲的教育，为了让孩子们充满好奇心，他每个月都会带着孩子们去爬山。

　　来到中国后，伯尔也经常爬山，常常能看到中国父母带着孩子爬山。但他的爬山方式和中国父母是完全不同的，中国父母大多是手牵手地领着孩子，要么抱着孩子，而和6岁的儿子、4岁的女儿去爬山时，他总是走在最前面，大步流星，就像和孩子比赛一样。

　　儿女自然没有他爬得快，被远远地落在后面。

　　也许你会担心：孩子摔下山去怎么办？孩子磕坏了怎么办？孩子走丢了怎么办？世界上所有的母亲都是一样的，伯尔的妻子也总是担心这些问题。

　　所以，最初爬山时，她走得很慢，为的是和孩子做伴。伯尔不同意她的做法，讨论几次之后，伯尔说，如果妻子要和孩子待在一起，就干脆留在家里，不要去了。

　　由于伯尔的坚持，最后，妻子同意了。之后爬山，她虽然仍频繁地往后看，但始终和伯尔走在前面。

　　其实，伯尔也在偷偷地回头观察孩子们的一举一动，只不过尽量不让他们发现而已。

　　伯尔这样做，就是要孩子独立、坚强，学会自己面对外面的世界。老鹰教孩子们飞翔，它不会等小鹰"翅膀硬了"才开始，而是叼着还很孱弱的孩子飞到高空，松口让孩子掉下山崖。如果孩子们自己不努力挥动翅膀，就会摔死。千百年来，鹰族一直保持着这样冷酷的训练方式，事实证明，这样的"教育"对小鹰们的成长是极为有利的。

伯尔在行动上与孩子保持距离，让孩子看到目标，找到前进的方向；而老鹰则在情感上保持和孩子的距离，让它们身陷危境，必须努力寻求自保。这两种距离，都是在告诉妈妈，保持距离是让孩子成长的必需步骤。妈妈对孩子的爱没有尽头，如果把所有的爱都表现在为孩子做事情上，孩子确实得到了眼前的舒适，却失去了学习、进步的机会。

社会千变万化，只有强者才能适应各种环境，临危不乱、应对自如。要让孩子成为强者，就从大步流星地将孩子落在身后开始吧！首先要相信他可以长成一个落落大方的孩子；其次，放开手脚让孩子独立地成长，让他面对差距和困难，找到自己的努力方向。

妈妈要记住，距离和独立是一种对人格的尊重，这种尊重即使在最亲近的人中间，也应该保有。稍微留一点分寸，得到的往往是海阔天空！而一旦没有了这种距离，这种尊重，越过了这个尺度，就产生了隐患，离疏远甚至崩溃就不远了。因此妈妈要本着平等和理性的态度去尊重孩子，母子之间留一点分寸，有一点余地。这才是对孩子真正的高质量的爱。

精神贫困比物质贫困更值得妈妈担忧

天下妈妈无不期望孩子获得成功。孩子怎样才能获得成功呢？很多家庭没有很优越的条件，没有很多的资源，也没有高知的妈妈，即便这样就不能培养出精英了吗？每个孩子都有自己的理想，作为妈妈要帮助孩子实现他的理想，帮助孩子树立信心，告诉他一切都是暂时的，美好的未来是通过自己的创造才能获得的。要知道，比物质贫困更可怕的是"文化贫困"，如果一个家境普通的孩子失去了进取的意志，那就永远不可能再有成功的机会了。所以妈妈要注重培养孩子追求成功的意念。当孩子相信自己是有能力的，并感觉到他人的欣赏、肯定，他就会多一份自信，多一份责任，也就会具备追求成功的意念。妈妈的激励将有助于孩子获得这些。

那么，妈妈应该怎样做才能让孩子在精神方面不再"贫困"呢？

1. 多鼓励自己的孩子

激励的教育方法主要是通过妈妈的谈话来实现的。妈妈期望的目标，有时会成为孩子追求的目标。妈妈要对孩子的发展充满信心、充满希望，要善于抓住孩子的优势以激励孩子主动发展，追求成功。妈妈可以针对孩子的具体特点，为其设定合适的追求目标。妈妈特定的动作、手势、表情、眼神在特定的环境中也都具有某种激励作用，以至于孩子具有更强的追求成功的意念。

2. 鼓励孩子自己实践

过分地包裹束缚孩子，会给予孩子更多的惰性和笨拙，并失去应有的斗志和雄心。妈妈都希望同孩子一起分享成功的喜悦，那么，就请妈妈放开双手，让孩子自己走。当你给孩子一个自由发展的空间时，会欣喜地看到你所希望看到的东西。

妈妈让孩子处于竞争的机制时，比如，带两个孩子一起走，这样，就容易激起孩子的求胜欲望。孩子在竞争的过程中，会更加强烈地认为成功其实就在身边，那么，也就更为进取、聪慧。

3. 帮助孩子树立责任心

孩子的责任心从哪儿来？其实，妈妈只要让孩子充当一些有意义的角色，使他们感到自己的行为对家庭所产生的重要性，同时也培养他们战胜自己的弱点，增强各种能力的信心。

在家庭中，妈妈应有意识地分派给孩子一些力所能及与其年龄相当的劳动任务，例如打扫卫生、负责为花草浇水等等。与孩子进行平等的交流，也是培养责任心的一种方式，不但要倾听他的心声、感受，也要同他谈些自己的喜怒哀乐，当然内容应该是孩子所能接受的。

真正爱孩子的妈妈，除了要尽力提高孩子物质生活的质量，更要注重孩子精神生活的质量。再穷不能穷教育，再贫不能贫精神！

第三章

"懒"妈妈未必不是好妈妈

做个身懒心不懒的妈妈

有个上小学四年级的独生女，习惯睡懒觉。每天早晨，她妈妈多次催她起床，她总是不情愿地说："我再睡会儿。"如果真迟到了，她就会抱怨妈妈没把她叫起来，害得她受老师批评。妈妈觉得不能再这样下去了，于是她告诉女儿："上学是你自己的事情。从明天早晨开始，该几点起床你上好闹钟。如果闹钟响了你还赖着不起，你就赖吧，肯定没人叫你，一切责任自己负！"女儿不以为意，结果，第二天早晨，闹钟响了，她还在床上赖着，父母都没有管她，那天女儿上学迟到了。妈妈知道：孩子虽然跟父母撒娇，在老师、同学那里还是很在意自己形象的，岂敢总迟到？果然，第三天早晨，闹钟一响，女儿腾地跳下床来。从那时起至今，五六年过去了，女儿早晨起床上学再也不用大人叫了。有时候，父母还在睡觉，女儿早已经骑车上学去了。

每天早上如何让孩子起床，相信这是大多数妈妈的烦恼。大多数孩子都有赖床的毛病，妈妈总是一次次地催促孩子起床上学，她们或者温柔叫唤，或者直接掀开孩子的被子，逼迫他们起床刷牙。孩子总是满腹牢骚，他们讨厌妈妈打扰他们的睡眠、破坏他们的美梦，因此经常是妈妈越催促，孩子越不愿意起床。妈妈也许会抱怨孩子怎么那么懒呢？其实不是孩子懒，而是妈妈太勤快，剥夺了孩子的体验。

孩子有闹钟以后，他自己决定起床的时间，自己为自己的迟到负责，有了属于自己的体验，他自然会自觉地遵守规则。所以，与其妈妈逼迫孩子起床，不如让闹钟自动提醒孩子，一旦给孩子一个宽松的环境，每个孩子都能从生活中获得体验，学会自己为自己的事情负责。

从上述事例中这个独生女的变化可以看出，孩子的潜力很大，可以做很多事情，只是妈妈的包办剥夺了他们自立的能力。譬如，孩子的学习也是他们自己的事，靠自己认真听讲、认真思考、认真复习和预习，独立完成学习任务，才能真正掌握学习本领。大人陪读、陪写甚至帮写、帮计算，都是在帮倒忙，是在辛辛苦苦培养懒孩子。

因为惰性是人天性的一部分，如果妈妈过于勤快，把孩子的事情都一并包揽，就是剥夺了孩子的锻炼机会，等于是助长了孩子惰性的发展，妈妈的好心反而做了坏事，这是极其不明智的。而很多妈妈都会被母爱冲昏了头，不知不觉中成为勤快过头的妈妈，养出"懒"孩子。所以，妈妈要时刻提醒自己不要过界，要做一个称职的"懒"妈妈，最关键的一点就是要做到"身懒心不懒"。怎样才能做到"身懒心不懒"的称职"懒"妈妈呢？你可以从以下几个方面做起：

首先，要和孩子划清"界限"。妈妈要让孩子清楚知道什么是自己的事，什么是妈妈的事，同时通过谈话、讲故事、做表率等方式，使孩子知道"自己的事情自己做"的道理，让孩子懂得劳动是光荣的，依赖大人是没有出息的，从而培养孩子独立做事的自觉性和积极性。

其次，妈妈要创造让孩子独立做事的环境，在孩子力所能及的范围内，妈妈不要插手帮孩子做事，另外，妈妈还可以引导孩子从身边的小事做起，由易到难，循序渐进。如帮大人扫地，到邻居家借东西，下楼买日用品等，不让孩子因为负担过重而讨厌做事；当孩子做得好时，可以给予适当奖励，让孩子体会到做事情的满足感，以鼓励他再接再厉。

再次，妈妈一定要对孩子有信心和耐心。不要担心孩子做不好，或怕孩子添麻烦帮倒忙，就自作主张帮孩子做事；没有人是天生就会做事的，所以要给孩子进步的时间和空间，对孩子要多表扬、多鼓励，少埋怨、少指责，循循善诱，才能促进孩子的进步。

最后，妈妈要制定严格的要求，并持之以恒地严格遵守。只有先制定好规则，孩子才有做事情的方向和准则。而一旦有了要求，就一定得严格遵守，这样孩子才能养成良好的习惯和自觉性。孩子自理能力和自觉性的提高，不是一朝一夕就能达成的，所以，妈妈应长期坚持对孩子的引导和要求。

为了孩子自立，藏起一半爱

　　一个孩子生下来，需要阳光、空气、食物、水——更需要妈妈的爱和关怀，而过多的爱往往会变成溺爱，给孩子造成伤害。正如花儿的生长离不开水的滋养，而如果水分过多，花儿的生长就会受到影响，严重的话花儿甚至会被淹死。所以，爱是一种养料，太少不行，太多也不行，恰到好处才能促进孩子的成长。为了孩子的健康成长，有的时候，妈妈需要藏起一半爱。

　　藏起一半爱，即要求妈妈在孩子成长道路上，该放手时就放手，让孩子自己去尝试，自己去体验。适度放手让孩子去行动，他就能发挥自己的能量和创造力，这才是真正的爱。

　　作家毕淑敏曾经做过许多年医生，有一次，在儿子感冒发烧的时候，她狠了狠心，让儿子自己去医院看病。她在《教你生病》一文中，记述了当时的经过：

　　"你都这么大了，你得学会生病。"我说。

　　"生病还得学吗？我这不是已经病了吗？"他大吃一惊。

　　"我的意思是你必须学会生病以后怎么办。"我说。"我早就知道生病以后怎么办，找你。"他成竹在胸。"假如我不在呢？""那我就打电话找你。""假如……你最终找不到我呢？""那我就……就找我爸。"

　　也许这样逼问一个生病的孩子是一种残忍，但我知道总有一天他必须独自面对疾病。既然我是母亲，就应该及早教会他生病。

"假如你最终也找不到爸爸呢？""那我就忍着。反正你们早晚会回家。"儿子说。"有些病是不能忍的，早1分钟是1分钟。得了病以后，最应该做的事是上医院。""妈妈，你的意思是让我今天独自到医院去看病？"虽然在病中，孩子依然聪明。"正是。"我咬咬牙，生怕自己会改变注意。"那好吧……"他扶着脑门说，不知是虚弱还是在思考。

"你到外面去'打的'，然后到医院。先挂号，记住，买一个本……"我说。"什么本？"他不解。"就是病历本。然后到内科，先到分号台，护士让你到几号诊室你就到几号，坐在门口等。查体温的时候不要把人家的体温表打碎。叫你化验你就到化验室去，先划价，后交费。等化验结果的时候要竖起耳朵，不要叫到你的名字没听清……"我喋喋不休地指教着。"妈妈，你不要说了。"儿子沙哑着嗓子说。

儿子摇摇晃晃地走了。我内心里经历了一个艰难的过程，我后悔、责怪自己，忍耐着时间慢悠悠地向前滑动。

终于，走廊上响起了熟悉的脚步声，只是较平日有些拖沓。我立刻开了门，倚在门上。"我已经学会了看病。打了退烧针，现在我已经好多了。真是件麻烦的事。不过，也没有什么。"儿子骄傲地宣布，又补充说："你让我记的那张纸，有的地方顺序不对。"看着他，勇气又渐渐回到心里。我知道自己将要不断磨炼他，在这个过程中，也磨炼自己。

爱分很多种，孩子们需要的无疑是心灵的共鸣和满足。文中的儿子并不会因为妈妈的"残忍"而认为妈妈不爱自己，相反，这种为了锻炼孩子而采取的特殊方法会让孩子变得更加坚强，孩子自然能理解妈妈的一番苦心，并能在妈妈伟大的爱中更健康地成长。

对于妈妈来说，藏起一半爱比给孩子尽量多的爱困难很多。其实妈妈给孩子爱，也是满足自我需求的一种方式，当妈妈能够爱孩子的时候，她是幸福的，而要她藏起一半爱，即是让她克制自我需求的满足，她是不愿意的，但为了孩子的未来，称职的妈妈都会选择有所收敛，因为孩子需要妈妈给他空间来磨炼自己的生存能力以及独立生活能力。

所以，为了孩子自立，妈妈请藏起一半爱。但是，藏起一半爱并不是减少一半爱，而是将爱融化在对孩子的培养中，融化在孩子一点点更自立更自觉更坚强的过程中。

不要为孩子安排好一切

莉莉的出生给爸爸妈妈带来了无限欢喜，爸爸妈妈都是高干子弟，而且晚婚晚育，接近40岁才生了莉莉，所以，他们对莉莉千般宠爱、万般呵护。妈妈四处向专家咨询，给莉莉精心制定了营养的三餐；对每一件给莉莉买的衣服或是玩具都细心检查，生怕质量不过关影响孩子的健康；莉莉上的是最好的双语幼儿园，3岁就被送进画室学画画；为了莉莉有更多的时间来学习和学画，妈妈不让她做任何家务活，甚至连莉莉的鞋带都是妈妈帮忙系，书包也是妈妈帮忙背。总之，妈妈帮莉莉安排好了生活学习的一切，莉莉只要照着走就行，但是，娇生惯养的莉莉并没有比其他孩子出色很多，在学校时总是有些畏畏缩缩，体育课上要跳高，她被吓得大哭；老师让她起来回答问题，她总是害羞得说不出话；同学们下课打扫卫生，她总是支支吾吾不知所措，家里的娇小姐就这样在学校慢慢地逊色下来，也慢慢和同学们的距离越来越远！

这是目前中国家庭教育中极为平常的现象，妈妈为孩子安排好一切，忽视了孩子独立生活能力的培养。据某省的一份调查表明，孩子每周从事家务劳动的时间极少，18.72% 的学生根本不参加任何家务劳动；47.78% 的学生只参加 1 小时以下的家务劳动；60.12% 的学生不会洗衣服、做饭；54.75% 的学生上下学时需要家长接送；41.19% 的家长是把洗脚水端到孩子面前的。

于是，生活能力低下，缺乏正常的与人交往、克服困难的能力，成为时下许多孩子，尤其是独生子女的共性问题。而这一切，就归咎于妈妈长期包办了孩子的日常生活，不肯放手让孩子锻炼，不让孩子自己做决定，久而久之，孩子就养成了依赖妈妈的习惯，缺乏自立能力，也缺乏自我意识。

孩子一旦习惯了"饭来张口，衣来伸手"的生活，他们有大脑而不需要用，有手脚而不需要动，主观能动性就会丧失，养成懒惰、好逸恶劳的恶习，并习惯了接受照顾，而不会照顾别人，不会为别人着想，缺乏同情心和社会责任感，这样的人，一旦进入社会，肯定不会受到欢迎。

因为当今社会，需要的不仅仅是有知识有文化的人，更需要德智体美劳全面发展的人，温室里成长的花朵即使再娇美，遇到社会的风浪终究会被摧残，而只有能屈能伸的坚毅杂草，才能"野火烧不尽，春风吹又生"。

所以，培养孩子的才能重要，培养孩子的生活能力更为重要。而孩子的生活能力，就是在他一点一滴的生活中提炼出来的。因此，妈妈们，让孩子自己去感受生活吧！不要代劳孩子安排他的生活，他的人生终究要自己负责。

为了孩子的成长，对孩子照顾过头的妈妈们不妨做做"懒"妈妈，对待孩子时，记得以下几个"不要"：不要替孩子做一切家务活，剥夺他锻炼独立生活能力的机会；不要把自己的意志强加于孩子，剥夺孩子做自己的权利；不要对孩子监护过度，剥夺孩子的自由；不要给予孩子过度的保护，折断他应对挫折的翅膀；不要逼迫孩子追求成绩或是功名，把世俗功利的思想植在他的心上；不要满足孩子不合理的消费要求，让他远离自制和节俭的美好品格；不要过早地给孩子准备资产，剥夺他自我创造的动力；不要替孩子解决一切困难，阻碍孩子坚强意志的生长壮大……

总之，不要为孩子安排好一切，对妈妈来说，是一种解脱；对孩子来说，是一种恩赐！

过度的保护妨害了孩子的自立

贝贝今年7岁，她喜欢到小区公园里和小朋友玩，但是妈妈不放心她一个人去，总是跟在贝贝身后，谨防她受伤。贝贝想和小诗一起玩荡秋千，两人商量好互相推秋千，可是妈妈不同意："不行，你帮小诗推的话，会推不动而且容易被秋千撞到，小诗帮你推的话，你容易掉下来，还是妈妈来给你们俩推吧！"贝贝和小诗安静地坐在秋千上，让妈妈大力点把秋千推高些，但是妈妈不同意，她害怕孩子掉下来。

每一次玩荡秋千，都是妈妈帮贝贝轻轻推，但有一次妈妈没在家，贝贝一人来跟小朋友玩，大家猜拳来决定输家推秋千，贝贝输的时候，她根本不会推秋千，不仅力气太小而且经常自己被秋千打到，而她赢的时候，坐在小朋友推的秋千上的她紧张得要命，她不习惯秋千飞得那么快那么高，她哭着喊："妈妈，我害怕啊！"小朋友们都取笑她，那么大了还这么胆小，那么胆小还玩什么秋千啊！

有些家长，对孩子处处不放心，不放手。本来是孩子可以自己做的事，妈妈却替他做了，这就剥夺了孩子自己的亲身体验，剥夺了孩子发展能力的机会，也剥夺了孩子的自立及自信心。

"关爱孩子"是每个妈妈的本能。不少妈妈对孩子百般呵护，她们都是"慈母"，为了孩子，自己可以牺牲一切，包括金钱、面子、时间和个人利益，然而，这样的"慈母"很可能是残忍的母亲。

两位妈妈，乘假日带孩子出外游玩。两个孩子争着去放风筝，女孩用力一扯，风筝破了，男孩很生气，一巴掌就扫过去，女孩立刻哭了。这时，男孩的妈妈脸色一变，就像触电一样从座位上弹起来，女孩的妈妈连忙把她拉住。男孩的妈妈急得脱口而出："你真残忍！"女孩的妈妈却笑着说："你才残忍！"

到底谁"残忍"呢？男孩的妈妈说："你眼看着孩子被打，哭了，身为母亲，不去呵护，还阻止我去干预，这不是很残忍吗？"

女孩的妈妈却说："孩子争吵算什么？被打一下，也没受伤，为什么不让他们自己去解决呢？"

两位妈妈这时望向孩子，只见他们一同跑过来，说："妈妈，风筝破了，你能把它做好吗？"

女孩的妈妈对"爱孩子"的理解是：提供机会让孩子学习与人相处及解决问题的能力，使她以后能独立生活，所以要提供她面对困难、亲自解决难题的空间。相反，对孩子太多干预，替他安排一切，帮他解决一切难题，这样一来，孩子失去了学习的机会，将来怎能做事，怎能生活呢？所以对于孩子，过度表达慈爱并非真爱，而是"残忍"。

这是有心理学依据的。孩子们在一起，争争吵吵是家常便饭，但是他们很快就会自己解决。孩子们就在这种争争吵吵、哭哭笑笑的历练中不断成长，学会了处事和做人。

有些妈妈可能要质疑这个说法，认为："这不是抛开孩子不管吗？在孩子有困难的时候，让他失去依靠，让他感到孤立无助，哪个妈妈忍心啊？"

这就是上面两位妈妈的争论：谁才是"真残忍"的问题了。为什么呢？让孩子在发生困难的时候，立刻感到"失去依靠""孤立无助"，不正是身为妈妈的你造成的吗？不培养孩子养成面对困难，独立思考解决困难的办法，他习惯了"依靠"，习惯了"被保护"，将来在现实生活中失去了妈妈这根"支柱"，立刻陷入"孤立无助"，没有了解决问题、自我保护的能力，你叫他怎么办？这种不顾及孩子未来发展的"爱"，不就是"害"吗？

美国人给这类"真残忍"的妈妈取了个好听的名字，叫"直升机妈妈"。因为这类妈妈就像坐在一架直升机上，一直在孩子的头上盘旋，只要看到孩子发生什么事，就立刻空降在他面前，替他解决一切困难。这些直升机妈妈怕孩子受累受苦，怕孩子吃亏上当，所以总是抢在第一时间来替他排忧解难。这样做的结果，孩子当前是无忧无难了，以后长大了怎么办？台湾地区的人给这类孩子也取了个很好听的名字，叫"草莓一族"。新鲜的草莓，嫣红可爱，但一磕碰就皮伤肉烂，惨不忍睹。

的确，对孩子过度的保护会成为一种伤害。孩子在成长的过程中，必须要经历一些磨难，这是一种规律。"酸甜苦辣都是营养，生活百味都要体验。"如果把磨难和体验全部省略了，一切都替他包办，看上去是顺利了，是舒适了，结果却使他软弱而闭塞，胆怯而无能。现在有一种现象，叫"30岁儿童"，都到了而立之年，凡事仍不能自立，没有长辈陪在身边就惶惶不可终日。

妈妈会"撤爱"，孩子更优秀

相信所有的妈妈都不希望自己的孩子是这样一种成长状况，那您就切记：关爱不要太多，保护不能过度。

● 成为孩子可有可无的人物

12岁的如如今年考上了重点中学，但这所学校是寄宿制的，如如在学校的表现让老师非常头痛，因为如如的生活自理能力实在太差了，一点动手能力也没有，还很胆小。如如不会自己洗餐盘，当其他同学洗完餐盘出去玩以后，她总是一个人在那里发愣，最后随便用水一冲就完事了，由于餐盘洗不干净，她吃坏了肚子；如如不会自己洗衣服，所以，她总是一件衣服穿很多天，脏了也不知道洗，总是堆积起来等周末妈妈来看她的时候让妈妈洗；如如甚至不会自己系鞋带，她的布鞋从来都不系鞋带，或者直接穿没有鞋带的鞋，有一次她鞋带滑落后没有系上，她被绊倒了。

看着其他比如如还小的同学都能基本自理生活，班主任王老师很困惑：为什么如如的独立性这么差？王老师的这些困惑，在一天放学后得到了答案。周末放学的时候，妈妈来接如如了，只见如如开心地扑进了妈妈的怀里，说："妈妈，要喝水。"妈妈赶紧拿出水杯，拧开盖子，如如伸过手准备拿杯子，妈妈忙说："妈妈拿着，水有点烫。怕待会洒出来烫着你。"于是妈妈一手拿水杯，一手扶着如如的头，小心翼翼地让如如喝完了水。妈妈帮如如拿着她的包、衣物等准备走时，发现如如鞋子的粘扣散开了，如如还没弯腰，妈妈已经抱着一堆东西蹲下去帮如如扣好了鞋子。王老师终于知道，如如动手能力差，完全是妈妈的过度照顾惹的祸，她觉得需要和如如的妈妈好好沟通沟通了。

很多妈妈和如如的妈妈一样，为孩子打点一切，不少人成了"全职保姆"，孩子一离开妈妈就什么都不会。在妈妈过度的关爱下，不少孩子表现出了很多问题：孩子自信心普遍较差，很多人明明有能力干好一件事，但往往在做事前先否定自己，认为这件事以前都是妈妈做的，自己做不好，这在一定程度上影响了他们的动手能力和主动性；有些孩子养成懒散的习惯，整天只想着过"饭来张口衣来伸手"的生活，这大大挫伤了孩子的上进心和积极性；由于整天围着妈妈转，不少男孩在言谈举止上女性化倾向非常明显，缺少男孩应该有的阳刚气概，这对孩子今后的性格、心理有很深远的影响。

上述问题的根源，就是妈妈对孩子的过度呵护。这些妈妈已不单单是妈妈的角色，还扮演着保姆和教师的角色，也可以把她们看作孩子生活、教育等方面的"全职保姆"，她们在这些角色中的共同点就是呵护、包办，时间长了，孩子就成了一个被圈养的宠物，根本不知道自己该干什么、能干什么。

随着生活水平的提高，部分妈妈有条件成为"全职妈妈"。一些妈妈之所以选择自己带孩子，除担心老人或保姆对孩子照顾、教育不好外，还想通过和孩子的长期接触培养和孩子的感情，让孩子感受到妈妈的爱，这个出发点是对的。

但孩子 3 岁之后，需要有自己的生活和交际圈，需要跳出妈妈的陪同式呵护，否则不但易导致性格变异，而且会造成孩子视野狭隘。此外，3 岁之后正是孩子独立意识迅速发展的时期，如果妈妈再包办一切，就会使孩子的自理意识和能力慢慢丧失。

如果孩子没有从小逐渐形成自理意识和能力，这对于孩子的终身发展来说，是极为不利的。因为妈妈不能无微不至地照顾孩子一辈子，孩子的人生需要孩子自己去面对，培养孩子的独立性和自理能力，才是妈妈对孩子最好的照顾。正如美国权威教育博士詹姆斯告诫母亲的一样："依赖本身就滋生懒惰、精神松懈、懒于独立思考、易为他人左右等弱点。所以说，处处对孩子包办代替，这不是帮助孩子，而是在坑害孩子。"

其实，孩子有很大潜力，就像植物一样能够自然生长，妈妈只需要给他们提供环境和条件。妈妈不要包办孩子的事情，不要让孩子完全依赖于你，而是引导他走独立的道路，那么，深藏在孩子内部的各种潜能就能充分发挥出来。所以，明智的妈妈，不是那些孩子完全依赖的妈妈，而是那些孩子可有可无的人物。

● 妈妈不帮忙，孩子才能学会自己照顾自己

有的妈妈抱怨说，我家孩子就是太懒了，什么事情都不愿意动手。说这种话的妈妈，往往是那些什么都已经替孩子做好的妈

妈。正是因为这些太勤劳的妈妈，才有了"太懒惰"的孩子，不知道照顾自己，上大学了才第一次洗袜子、叠衣服，把小时候该流的眼泪，全流完了。妈妈不松手，孩子怎么独立呢？几米说："大人一边嘲笑别人的孩子是温室的花朵，一边又把自己的孩子培养成温室的花朵。"什么事情都帮着做完了，孩子还能做什么！

小蜗牛爬到妈妈身边问："妈妈，为什么我们一生下来就要背负这个又硬又重的壳呢？"

它的妈妈答道："傻孩子，因为我们的身体没有骨骼的支撑，只能爬，但又爬不快，所以需要用这个壳来保护！"

小蜗牛不解地问："那毛毛虫哥哥也没有骨头，也爬不快，为什么它不用背这个又硬又重的壳呢？"

它的妈妈说："因为毛毛虫哥哥能变成蝴蝶，到那时天空会保护它啊！"

小蜗牛还是忍不住问道："可是蚯蚓弟弟也没有骨头，也爬不快，也不会变成蝴蝶，它为什么不背这个又硬又重的壳呢？"

它的妈妈耐心地答道："这个啊，因为蚯蚓弟弟会钻土，大地会保护它啊！"

小蜗牛听到这里哭了起来："妈妈，我们好可怜，天空不保护我们，大地也不保护我们！"

它的妈妈笑着安慰它："孩子，所以我们有壳啊！我们不靠天，也不靠地，我们靠自己来保护自己。"

孩子必须知道，不依赖别人，自己保护自己才是生存之道。

当孩子不愿意靠自己的时候，不妨把小蜗牛的故事讲给他听，让他开始思考自己要做一个怎样的人。

有个年轻人去微软公司应聘，而该公司并没有刊登过招聘广告。见总经理疑惑不解，年轻人用不太娴熟的英语解释说自己是碰巧路过这里，就贸然进来了。总经理感觉很新鲜，破例让他一试。面试的结果出人意料，年轻人表现糟糕。他对总经理的解释是他事先没有准备，总经理以为他不过是找个托词下台阶，就随口应道："等你准备好了再来试吧。"

一周后，年轻人再次走进微软公司的大门，这次他依然没有成功。但比起第一次，他的表现要好得多。而总经理给他的回答仍然同上次一样："等你准备好了再来试。"就这样，这个青年先后五次踏进微软公司的大门，最终被公司录用，成为公司的重点培养对象。

年轻人以自己的努力和机智争取到了就业机会，成为公司的重点培养对象，靠自己的拼搏走上了事业成功的道路。有多少孩子能够像这个年轻人一样，一直坚持到第五次呢？很多孩子都是受了一点气，就委屈地走了，在家里发一通脾气，弄得大人莫名其妙，不知道孩子出了什么问题。妈妈平常让孩子养成凡事依靠自己的习惯，自己收拾、打扫房间，摆好自己的衣服，吃完饭收拾和洗碗；学习上遇到了困难要开动脑筋、多思考，不要动不动就去问别人；妈妈工作忙的时候要学会做饭等。生活中的点点滴滴，都可以当成锻炼自理能力的机会，不能再事事由妈妈出面解决。

让孩子独立做事情，并不会让孩子产生妈妈不爱他的想法。如果是力所能及的事，孩子其实是愿意尝试的。如果他表现出为难的情绪，妈妈先不要代替他，而是多多鼓励他，让他尽快尝试第一件事情，那样他就能很顺利地独自做下一件事情了。不要再事无巨细地帮孩子做事情，让他们自己动手吧，那样他们才能成长。

● 偶尔让孩子当一次家

让孩子当一次家不仅可以锻炼孩子面对问题的能力，而且还能让孩子获得一定的能力和技巧，这不仅是一次道德教育，更是一个广阔无垠的、惊人的、丰富的思想世界。

根据不久前的一项抽样调查显示，某个城市的高中生近6成起床不叠被子；5成从不倒垃圾，也不扫地；7成不洗碗，不洗衣服；9成从不洗菜做饭。还有部分高中生什么家务也不做，个别人连整理书包都还要妈妈代劳。

针对孩子做不了家务，当不了家的情况。一些妈妈给出的理由是：他还只是个孩子，他现在的任务就是学习，这些事等他长大了再学着做也不迟。

这些妈妈的一片"苦心"，使孩子们不仅不会做家务，养成了衣来伸手、饭来张口的习惯，以为别人为自己做什么都是应该的，却不知道自己也有关心与帮助别人的一份责任。

独立生活能力差，是当前我国儿童普遍存在的问题。究其原因，大多归之于"独生子女"。其实在西方发达国家，许多家庭也是独生子女，但他们对待孩子的态度则与我们很不相同。

　　孩子小时，正是孩子品性形成与发展的重要时期，极具可塑性。孩子虽小，却也具有独立的人格，也是家庭中的一员，妈妈应该适时教育，加以指导，让孩子在家里承担一定的责任。

　　有一个懂事善良的小孩子，名叫曼丽。在她5岁的时候父亲已经过世，陪伴着她的，只有穷困的母亲和一个2岁大的妹妹。

　　她很想能帮上母亲的忙，因为母亲挣的钱总是难以养家糊口。

　　一天，曼丽帮着一位先生找到了他丢失的笔记本，于是这位先生给了她10美元。

　　曼丽把钱放到一个谁也找不到的地方。她母亲一直教育她要诚实，绝不能拿任何不属于自己的东西。

　　她把这10美元用来买了1个盒子、3把鞋刷和1盒鞋油，接着她来到街角，对每位鞋不太干净的人说："先生，能让我给您的鞋擦擦油吗？"

　　她是那样的彬彬有礼，因此人们很快便都注意到了她，并且也十分乐意让她替鞋擦油。第一天她就挣了50美分。

　　当曼丽把钱交给母亲的时候，母亲情不自禁地流下了热泪，喃喃地说："你真是一个懂事的好孩子，曼丽。我以前不知道怎样才能赚更多的钱来买面包，但是现在我相信我们能够过得更好了。"

从此以后，曼丽白天擦鞋，晚上到学校上课。她挣的钱已足以负担母亲和妹妹的生活了。

俗话说："穷人的孩子早当家。"穷人家的孩子，由于家境贫困，从小就经历了痛苦和磨难，因而较早地体味到生活的艰辛，从而更加珍惜现在，努力创造未来。

当然，孩子能否早日"当家"，其实并非只取决于家境，而是看他有没有经受过艰辛的经历。我国古人也指出："妈妈之爱子，则为之计深远。"因此，对妈妈而言，只有立足于现在，适时地让孩子吃点苦，才能帮助孩子将来早当家。

因此，妈妈为了孩子将来能更好地适应社会，让孩子了解妈妈的辛苦与不易，在孩子上小学高年级或初中时，周期性地让孩子当一天（或两三天）家，是一个行之有效的办法。

妈妈可以找一个周末，让孩子为第二天的生活与活动安排做一个预算与计划，然后从第二天早上起床开始，就由孩子上岗指挥与组织一天的家务与游玩。妈妈则在孩子指挥下加以配合，需要多少钱，买什么菜，到哪里玩，坐什么车，走哪条路线，均由孩子来筹划。

妈妈要放手、信任，不要干预，即使孩子安排得不是很合适，也不要当即否定，而是等第二天再与他一起总结，先让他自己提出改进意见，然后再补充。相信孩子对这样的活动定会兴致很高，也会十分用心和负责任，快乐与收获定会出乎你的意料。

孩子的前途不用你规划

对于孩子来说，最幸福的事情，不是妈妈为他的人生安排好一切，而是不在妈妈干涉的情况下做自己喜欢的事情。孩子不是妈妈的私有财产，他们也有自己的个性，有自己的思想，做妈妈的不能把自己的意识强加给孩子，这样只能让孩子在痛苦中丧失自己。一个聪明的妈妈更不能让虚荣的心控制自己的言行，为了自己的名誉去教养孩子，甚至设计孩子的人生道路。

在现实生活中，很多妈妈却常常对孩子感兴趣的事情不屑一顾，甚至大泼冷水。她们总是勤奋过头，越俎代庖地替孩子决定他们的兴趣，他们的人生。这样的妈妈，常常压制了孩子的天赋和特长，使得孩子的生活和自己的生活都不尽如人意。如果妈妈能够体谅孩子的心，让他全身心地去做，那么他一定能给家长带来巨大的惊喜。

有一位黄女士，现在她的两个儿女都在美国读博士后。在谈及成功教育子女的经验时，她说最大体会是：不要带着虚荣和功利的心去教育孩子，不要按照自己的喜好替孩子规划前途，要多陪孩子做孩子喜欢的事情，注意尊重孩子个性的发展。

她的女儿小时候喜欢天文，尤其对星座特别感兴趣，所以她常常半夜陪女儿看星星。对此许多父母不以为然，这么晚了还不睡觉，看什么星星！但是，她不管多困，多累，一定会亲自陪女儿出去，并耐心注视着星空给女儿讲解，有时和女儿谈一些日常琐事和人生哲理。她的女儿后来拿到高能物理博士学位，这其中就有她的一份功劳！

黄女士的儿子到美国念地球物理后，她想办法经常做一些孩子喜欢的事情。虽然不在一起，但她依旧希望让儿子感觉到她的支持。每当黄女士发现报刊上有与地球物理相关的报道时，便剪下来，传真或者寄给孩子。

黄女士是一个令子女骄傲的妈妈，她用最朴实的行动支持着孩子做自己喜欢的事情。

在养育孩子的过程中，妈妈要摆正自己的心态，不要为了教育成功而教育，那样被虚荣摧残的花朵，不会正常开放，反而会过早地凋谢。不要为了自己的喜好，而强加给孩子一个也许他不喜欢的人生，这样被束缚的孩子，不会健康成长，反而会更易被摧毁。只有尊重孩子，让孩子做自己喜欢的事情，才能培养出优秀的孩子。只要妈妈能去培养孩子的兴趣，陪他们做喜欢的事情，去发展他们的兴趣，就能使孩子走上一条快乐的人生之路。

● "自己的事情自己做"不能只是个空口号

从幼小时学做一些力所能及的、切身的、简单的劳动，在生活中逐步养成爱劳动、爱整洁、有条理的生活习惯，对孩子一生会有良好的影响。另外，孩子在自我成长时，总是通过视觉、触觉等各种感官来感知事物，探索窍门，通过做能想出各种办法，大脑和身体都得到了锻炼，人就会变得聪明。所以，妈妈要重视培养幼儿"自己的事情自己做"的好习惯，这是对孩子最有益的锻炼。

当然，让孩子"自己的事情自己做"，也要视孩子的能力来定。不同年龄的孩子能自己做的事情是不一样的。3岁幼儿会用汤匙自己吃饭，穿脱袜子，扣纽扣，把玩过的玩具放在固定的地方。4岁幼儿开始学刷牙，洗手洗脸，擦鼻涕，洗手帕，饭后擦嘴，自己穿脱衣、袜、鞋，系鞋带，搬小椅子，帮大人拿递小物件。5岁幼儿会用筷子吃饭，能够收拾自己的抽屉，折叠晒干的衣服，叠被子，在家里能完成大人交给的临时任务，进了幼儿园学做值日生。6岁幼儿生活基本自理，很少需大人帮忙。他们为集体做事十分负责，乐意帮助大人做事。他们常以自己能独立地克服一定困难，把某件事做好而感到愉快和满足。妈妈要根据孩子的成长情况来循序渐进地放大孩子自己做事的范围，既不要超过孩子的负荷，也不要小看孩子的实力，限制孩子的发展。

在培养孩子"自己的事情自己做"的习惯的时候，妈妈一定要有足够的耐心和信心，不要看着孩子穿衣服或鞋子，穿了半天没穿好，就冲到他面前，边数落边快手地帮孩子把鞋穿上，要知道孩子的动作都是慢的，因为这个世界对于他们来说就是新的，大人看上去很简单的东西，对他们来说则不是，都要去学，要反复练习才能做到。所以，请妈妈要有足够的耐心，给予孩子练习的时间和空间。

当孩子做好自己事情的时候，妈妈应该给予孩子奖励，但不能是物质的，最好是行为上表示赞许，比如摸摸他的头、冲他笑一下，或者给他一个大拇指，这样就够了。孩子从你的表情、动作就可感知你的鼓励。

另外，妈妈可以给孩子一个独立的、可以自由活动的小房间或者小角落，在这个属于孩子的空间里，应该让孩子自己来布置、设计，包括选择书桌、书柜、玩具、图书、装饰品及各种学习用品等。允许孩子在自己的空间里做一些自己感兴趣的事，比如，养几盆花，养几条金鱼，等等。让孩子能够独立地支配自己的小天地，让他觉得自己是自己的小主人。

孩子独立自主的习惯，就是在生活中的点点滴滴中养成的，妈妈光是口头上对孩子灌输理念，是没有多大功效的，"自己的事情自己做"很可能只是被孩子当成一句歌谣或是口号，只有让孩子通过实践摸索，才能锻炼出他勤劳自立的好习惯！

孩子的可塑性很大，早早训练他们的生活技能，能充分发挥他们的天分，孩子越能独立做事，她的自信心就越强，而自信心是每个孩子走向成功最不可或缺的因素。所以，从小事做起，从小开始，培养孩子"自己的事情自己做"的习惯吧！

第四章

妈妈懂得赏识，孩子自信心十足

● 以积极的态度期望孩子，孩子就会朝积极的方向改进

儿子上幼儿园了，她第一次参加家长会。会后，老师跟她说："我们怀疑你的儿子有多动症，在板凳上连 3 分钟都坐不了，你最好带他去医院检查一下。"

回家的路上，她一直在思忖该怎样对孩子说。吃晚饭时，儿子问她："妈妈，老师表扬我了吗？"她说："老师表扬你了，说宝宝原来在板凳上坐不了 1 分钟，现在能坐 3 分钟了。全班只有宝宝进步了。"那天晚上，儿子竟然吃了两碗米饭，并且没让她喂。

儿子上小学了，又一次开家长会，老师对她说："全班 50 名同学，这次考试，你儿子排第 48 名。我们怀疑他有学习障碍，你最好带他去医院查一查。"

回家的路上，她哭了。然而，当她回到家里，却对正在做作业的儿子说："老师对你充满信心，他说你很聪明，只要能细心些，就会超过你的同桌。"第二天上学时，儿子去得比平时早。

孩子上初中了，又一次家长会上，她等着老师点儿子的名字。然而，这次老师告诉她："按你儿子现在的成绩，考重点高中有点危险。"

她怀着惊喜的心情走出校门，此时，她发现儿子在校门口等她，路上她扶着儿子的肩膀，心里有一种说不出的甜蜜，她告诉儿子："你的老师对你非常满意，他说了，只要你努力，很有希望考上重点高中。"

高考过后，儿子被清华大学录取了。儿子从学校回来，把一封印有清华大学招生办公室的特快专递交到她的手里，突然边哭边说："妈妈，我知道我不是个聪明的孩子，可是，这个世界上只有你能欣赏我……尽管那是骗我的话……"

这个故事正好印证了心理学上的皮格马利翁效应，即热切的期望有可能使被期望者达到期望者的要求。所谓热切的期望是指积极正确的期望暗示，妈妈对孩子的积极期待能够使孩子的状态随之发生变化，由消极转为积极进取，由自卑转为乐观自信，从而向好的方向发展。例如，大发明家爱迪生小时候，只上了3个月学就被学校开除了，老师说他太笨了，但爱迪生妈妈坚信自己的孩子并不笨。她对爱迪生说："你肯定比别人聪明，我对此坚信不疑，所以你一定要坚持读书。"在妈妈的鼓励下，爱迪生刻苦攻读，长大后，终于成了大发明家。

在现实生活中，我们经常能看到期望成真的奇迹。那么，这种神奇作用是如何发生的呢？心理学家经过研究认为，这是通过对对方的暗示作用实现的。暗示是指在无对抗条件下，用某种间接的方法对人们的心理和行为产生影响，从而使人们按照一定的方式行动或接受一定的意见、思想。暗示的结果会使一个人发生改变，甚至是很巨大的改变。大人的期望会对孩子的成长产生巨大的影响，父母或老师以积极的态度期望孩子，孩子就可能朝着积极的方向改进；相反地，如果对孩子存在着偏见，孩子就会缺乏自知和自控能力。

很多闻名世界的伟人，就是在家长的积极期望中成就人生的。

世界三大男高音歌唱家之一的帕瓦罗蒂也是在家人的期望中取得成功的。帕瓦罗蒂还是个孩子的时候，祖母就常常把他抱在膝上对他说："你将成为一个了不起的人物，你不久就会明白的。"父亲也说他唱歌很有潜力。于是，在家人的支持和期望中，帕瓦罗蒂走上了舞台，并实现了祖母的期望。关于这点，成名后的帕瓦罗蒂曾说："如果我不听父亲和祖母的话，我就永远不会站在舞台上。不错，我的老师培养训练了我，但没有一位老师对我说我会成名。只有我的祖母，只有祖母那句话激励了我。"

人在一种良好的期望中生活，经常听到的是期望的语言，就会变得非常自信，这时候心理、生理上会调整到一个最积极、最活跃的状态，真的能如自己所期望的那样达到一个个目标。因此，每位妈妈对孩子都要有一个好的期望，而且要透过言谈举止让孩子感受到你的期望。多说"这次有了进步，一定要继续加油！"之类激励的话，多拍拍孩子的肩膀给他鼓劲，这些积极的外部信息能使孩子看到自己的进步，肯定自己，激发出蕴藏于自身的巨大潜能。

妈妈会"偷懒"，孩子更优秀

● 正确的赏识是激发孩子潜能的良药

比尔·盖茨之所以取得如此瞩目的成绩，并不是偶然的，这跟他的母亲玛丽的赏识教育有着密切的关系。

他的母亲从小就注重并给予盖茨科学的家庭教育。当盖茨三四岁时，玛丽外出总是把他带在身边，有意对他进行文化熏陶。当她在学校里向学生讲解西雅图的历史和博物馆的情况时，盖茨总是坐在教室最前面，虽然盖茨是个好动的孩子，但在教室里他表现得比其他学生还要专注、认真。对此，玛丽时常给予其表扬，这也使盖茨逐渐学会了专注和认真。

盖茨要升初中的时候，因为个头很小，又生性腼腆，学习兴趣与6年级的同龄孩子迥然不同。这时，玛丽决定送他到一所叫湖滨中学的私立中学就读。在这所学校，盖茨第一次接触到电脑便产生了浓厚的兴趣。

玛丽十分有远见，她十分赏识盖茨对电脑的兴趣，鼓励并帮助盖茨了解这种很有前途的新事物，还凑钱给盖茨买了一台计算机。比尔·盖茨很快就迷上了计算机，最终成为计算机软件业的霸主。

一位哲人曾经说过这样的话："人的精神生命中最本质的要求就是渴望得到赏识。"对孩子来说，训斥只会压抑其幼小的心灵；只有赏识他们，才能开发出潜能。妈妈对孩子进行适当的赏识很有必要，赏识的奥秘在于让孩子觉醒，觉得自己与众不同，更容易催生自信的人格，这对孩子的心理健康发展十分有利。但是与此同时妈妈也要注意不要对孩子的赏识过了头。

周弘是我国著名的教育专家，他的女儿周婷婷原本是个双耳全聋的残疾人，但是周弘用20余年的时间倾其心血不断鼓励女儿，让婷婷觉得自己并不差，反而比其他的孩子优秀很多，周婷婷最终成为留美博士生。周弘探索出了赏识教育这一理念，不仅使自己的孩子受益，而且改变了千千万万家庭的命运。

周弘指出，赏识教育的奥秘是让孩子觉醒。他认为，从生命科学的角度看，每一个孩子都拥有巨大的潜能，但孩子诞生时都很弱小，好像生活在一个巨人的世界里。在他们成长过程中，难免有自卑情结。这时就需要妈妈的赏识教育了。让孩子知道妈妈对他的认可和关注，可以快速抚平孩子心灵中自卑的痛点，让孩子总是觉得自己比其他的孩子有优越感，促使其心理朝着良好健康的方向发展。

德国著名心理学家阿德勒曾透露过他在念书时，认为自己完全缺乏数学才能，对数学毫无兴趣，因此考试经常不及格。后来偶尔发生的一件事，让他的潜能开发出来了。他出乎意料地解出了一道连老师也不会做的数学难题，这次的成功改变了他对数学的态度，让他找到了数学天才的感觉，而且觉得自己天生就应该是个数学天才。在老师和家长的赏识中，他重新树立了自信，并成为学校里的数学尖子。因此说，赏识教育的奥秘就是让孩子觉醒，让孩子自觉地发现自己的潜能。

哈佛心理学家做过这样的实验：

有两组男孩，先让他们一起长跑消耗体能，然后一组接受严厉的批评，另一组得到热烈的称赞，随之进行体能检测发现，被批评的那组孩子无精打采，体能处于崩溃状态；而被表扬的那组孩子精力旺盛，体能得到迅速恢复，充满自信。

因此，心理学家告诉妈妈们：妈妈在教育孩子时应多给孩子一些适当的赏识，学会赏识、赞美你的孩子，这对孩子的心理发展十分有利。让孩子知道妈妈对他们的关注和认可，既能快速抚平孩子身体上的创伤，也能促使孩子的心理朝良好健康的方向发展。

适当的赏识、鼓励是必要的，但妈妈也要注意切勿对孩子赏识过了头。一个人如果得到的赞美太多，心理便会膨胀，就会找不准自己的定位，从而也就不知道自己的言行是否符合一定的社会道德规范，这样的人在人格上往往是不完善、不成熟的，心理上也会十分脆弱，经不起生活中的风雨与挫折。一个人的成长是需要经历一些磨难的，只有经历磨难并且能够从磨难中铸就刚强性格的人，才能适应未来的生活。

所以，没有种不好的庄稼，只有不会种庄稼的农民；没有教不好的孩子，只有不会教的妈妈。赏识教育的本质是生命的教育，是爱的教育，是充满人情味、富有生命力的教育。孩子的成长需要妈妈的赏识，更需要妈妈正确的赏识。

对孩子的积极期望要循序渐进

有一个上初中的男孩，每天睡懒觉，7点才起床。总是急匆匆吃过早饭，骑上单车飞奔到学校。他爸爸强迫他必须每天早晨5点30分起床，6点开始读英语。孩子听到一下子提前了一个半小时起床，心里很不是滋味，他难以接受爸爸的这个决定。妈妈出面调停，最后允许他6点15分起床。他这才痛快地答应。半个月后，妈妈又让他提前15分钟起床，他又同意了。就这样，妈妈一步步提高对他的要求，两个月后，他就能在5点30分起床了。

同样是这个男孩，平时考试成绩总是名落榜尾。有一次他考试成绩有进步，名次跃居班里中等偏下。他爸爸妈妈知道了以后，心花怒放。爸爸兴奋地对儿子说："这次进步真大，爸爸为你骄傲。下次考试一定要进全班前5名。"

儿子听了爸爸鼓励的话，不但没有半点喜悦，而且还一副心事重重的样子。他整天唉声叹气，心想自己在这么短的时间里，就是不吃不喝，使出全身解数，也不一定能考到前5名啊！

妈妈看出了他的心思，私下里对他说："好儿子，下次只要比现在有进步，达到中等就可以了。"男孩听了妈妈的话，感到心里的一块石头落地了。他每天都很开心地听课，学习。半年后，竟然超出了妈妈的预期，达到了中等偏上的水平。

望子成龙、望女成凤是家长的共同心理，家长一开始都对孩子充满了积极的期望，但是有些积极期望却不能实现，甚至把孩子推向深渊。这是为什么呢？原因在于有些家长太过心急或者过于严厉，用孩子短期内难以企及的目标阻碍了孩子的发展，并挫败了孩子的积极性和自信心。正如上述事例中的爸爸，他不切实际地给孩子定目标，不但无法推进孩子进步，反而深深伤害了孩子的心灵，幸好有通情达理的妈妈，孩子才能从超负荷的压力中缓解出来，以振奋的心态去争取可能的进步，一步步实现了一个又一个目标。

心理学上有一个名词：自我实现的预言。意思是说，如果你相信自己行，你最后就能行。比如算命的说你命中有财，虽然碰到困难，但最终必然成功。你听到这番话，自信心顿增，不断克服前行的困难，最终真的验证了"命中有财"这个预言。

不是所有的预言都能成真，只有那些合理的梦想才能成真。

所谓合理的梦想，就是指那种"跳一跳，够得着"的目标。这样的目标才最具有吸引力，人们才会以高度的热情去追求它。

比如打篮球，如果对着两层楼高的篮球架子，几乎谁也别想把球投进篮筐，也就不会有人去做那犯傻的事。这么高的目标使人们失去了兴趣。但是如果篮球架跟一个人差不多高，谁都能够毫不费力地"百发百中"，大家恐怕也会觉得没啥意思。正是由于现在这个"跳一跳，够得着"的高度，才使得篮球成为一个世界性的体育项目，也使得许多爱好者乐此不疲。

同样，如果妈妈为孩子定的目标太高，或是孩子对自己的要求太高，孩子不但会失去动力，反而会平添一些不必要的压力。

日本有一个长跑世界冠军，他胜出的秘诀是分解大目标。比赛前，他会先视察整个路程，把路程中有特点的标志物在心中记下来，作为他长跑中的小目标。找到这样若干个小目标后，在比赛中，他一开始跑，就想着要达到第一个目标，等达到了第一个目标，他就想着要达到第二个目标……这样，他把长距离的路程分成了若干段比较短的路程，心理上就不那么觉得有压力了。

妈妈在对孩子进行积极的期望时，需要注意的是，不要给孩子施加过大的心理压力。抛弃那些瞬间改变孩子的想法，将一个适度的良性期待融入孩子的整个成长过程中。

● 批评是扼杀天才的行为

一个上初中一年级的学生在日记中这样写道：

今天，我的好朋友敏敏来找我出去玩，正碰上妈妈大发雷霆地教训我。这次考试，我的成绩下降了，在班里只排到第 12 名。敏敏在一边替我解围说："阿姨，你们方方还好，我还不如她呢。"谁知，敏敏不说倒还好，她一说，妈妈反而更来劲了，她骂着我把敏敏也捎带进去了："那你们还不在家好好补习功课，还到处玩，我要是学习不好，早就趴一边哭去了，看你们，一点事也没有，脸皮真厚！"

敏敏气得眼泪在眼眶里直打转，转身就跑了。

我和妈妈吵了起来："妈妈，你怎么这样没礼貌？"

妈妈说："我就是要把她气走，免得她以后再来找你，以后也不许你和她在一起了。"

我气哭了，跑进自己的小屋，把门反锁上。我觉得很委屈，妈妈怎么能这样无情地批评我呢？她怎么能这样批评敏敏呢？平时她不是显得很有教养吗？怎么现在原形毕露了呢？

可见，方方妈妈这次批评给方方心理带来了很大的创伤，偶尔成绩下降在求学生涯里是一件司空见惯的事情，只要耐心提醒，平日里刻意督促一下就可以解决。但是方方妈妈却大发雷霆，还骂孩子的好朋友。这给方方的心理带来了很大的创伤，从此妈妈的威信也将会在她纯洁的心灵中消失。

所以说妈妈要慎用手中批评的权利，如果批评不当不但起不到教育的效果，还会失去在孩子心中的威信，真是得不偿失啊！很多教育专家都建议家长，要尽量避免批评孩子，因为不管是怎样的批评，多多少少都会在孩子的成长过程中留下阴影。如果真的要动用批评的武器，也要有艺术地对孩子进行批评教育。

已经上高二的小涛仍然"玩"性不改，每周六都要玩一会儿电子游戏。说是"一会儿"，实际上却是好几个小时。因为他每次都要打一局，而一局至少得打过好几关，有时甚至能从头打到尾，这样几个小时就过去了。有时母亲看不过，便吼他："别玩了！快去写作业。"他往往会以"只差一点就过关了"为理由，再拖半个小时。

为了帮助儿子改掉贪玩的坏毛病，母亲想了个好办法。又一个周末，母亲约了自己的几个朋友聊天，并让小涛服务。就在小涛为阿姨削苹果的时候，母亲提起了如何对待孩子贪玩的话题。几位朋友都有十七八岁的孩子，所以都有话说。其中一位说："我儿子已经上高三了，还整天惦记着玩，家里看得紧，他就到游戏厅、网吧玩，我都快愁死了。"小涛在旁边很紧张，生怕母亲揭自己的底。

　　小涛的妈妈接过话茬儿说："你越管得紧，他越不听话。我就从来不管小涛，每周他都可以玩1个小时的游戏，而且很守时，说1个小时，就1个小时。"说着，看了看表，然后对小涛说："儿子，到了玩游戏的时间了吧？去吧，玩1个小时就停。"

　　那天，小涛很自觉地在游戏机旁放了一个闹钟提醒自己，1个小时后，干干脆脆地退出了游戏。以后，不管母亲在不在旁边，小涛都只玩1小时，到了时间就立刻停止，再也不用母亲费心了。

　　小涛妈妈有艺术地批评孩子的教育方法很值得每一位妈妈学习。在孩子犯错误的时候要保持冷静，要心平气和。如果孩子经常听到："都这么大了还不懂事！""就知道玩，这么大了还让我操心！""好的没学会，就学会打架了，你是不是想把我气死？"可想而知，这些话会带给孩子什么样的心灵感受。所以批评也要讲究艺术，不能一味地呵斥和责备。

　　此外，批评孩子的时候还要注意以下两点：

　　第一，批评与表扬相结合。平时要本着多表扬少批评的原则，该表扬的时候表扬，该批评的时候批评，孩子会觉得父母是公正的，如果只批评不表扬，孩子会因你只看到他的缺点看不到他的优点而不满，从而不愿意接受批评。

第二，批评孩子要适时、适度。孩子的时间观念比较差，昨天发生的事，仿佛已经过去好久了，加上孩子天性好玩，刚犯的错误转眼就忘了。因此，妈妈批评孩子要趁热打铁，不能拖拉，否则就起不到应有的教育作用。

批评是扼杀天才的行为，在教育孩子的时候一定要有耐心，当孩子犯错误的时候，作为妈妈要循循善诱，让孩子认识到自己的错误，而不要一味地呵斥、一味地批评。无论在任何时候，作为妈妈都要慎用你批评孩子的权利。因为经常被批评的孩子潜意识里会认为自己真的不行，觉得自己永远不能达到妈妈的目标，从而令他们没有自信，没有兴趣，也没有斗志，这样他们的天赋才能也就爆发不出来了。

孩子对妈妈也有期待

"你看人家小玲，家长什么都不用管，她一回家就自己学习，年年拿奖状，你倒好，给你买这买那，你什么时候拿过一张奖状给我们看啊？怎么我们就不能摊上一个好孩子呢！"

"这么小的孩子，还跟我们谈隐私，你小时候吃喝拉撒睡都是我一手照料的，现在看一看你的日记，了解一下你的思想状况，犯得着这样大吵大闹吗？你有没有一点尊重父母的意识？"

说这种话的妈妈，思考过已经在学习上感到挫败的孩子此时对妈妈的期待吗？思考过开始懂得羞怯、开始总结自己生活的孩子此时对妈妈的期待吗？

提到"期待"，我们会想到妈妈对孩子的期待，却很少考虑孩子对妈妈的期待是怎样的。

其实，孩子对妈妈有深厚的感情，他不一定通过言语来表达，但是他一定会对妈妈有不同于常人的期待。别人可以忽视他的进步，但是妈妈的赞扬一定不能少；别人可以对他的愿望充耳不闻，但是妈妈一定要理解他的心意。孩子对妈妈的期待，就像妈妈对孩子的期待一样真切、热烈，甚至让人觉得不能承受，但是妈妈似乎没有察觉。

如果妈妈老是忽视孩子对妈妈的期待，就不会揣测出孩子的心理，体会到孩子的情感，也不能理解孩子的行为，久而久之，孩子和妈妈之间的交流必定生疏产生隔阂。也许那个时候，孩子不仅仅会对妈妈失望，也会因此伤透了心。所以，了解孩子对妈妈的期待，也是妈妈的必修课。

朋友之间，需要互相欣赏，如果总有人在你面前赞美别人，你也会觉得难过，妈妈与孩子之间更是如此。孩子不希望自己被妈妈拿去和别人比较，因为简单比较得出的结论往往是片面的，却能深深伤害孩子的心。孩子希望妈妈能够看到自己身上的进步，看到自己的努力，即使没有努力的孩子，听到妈妈的赞扬也会朝着好的方向转变，而骂声只会让孩子越缩越小，最后躲进自己的小世界。

人与人之间要相互尊重，任何职业和地位的人都应该得到尊重，妈妈与子女之间也是如此。妈妈对待孩子该像对待其他人一样，有最起码的尊重和信任，你绝不会拆看别人的信件、翻阅别人的日记，对孩子的隐私也一样。有的人追赶穿着的潮流，但是对文明的时尚反应迟缓。尊重孩子的隐私，算得上是现代文明的时尚，这样的时尚值得我们推崇和追随。同时，妈妈做错事情，孩子期待他们能够诚心诚意地道歉。

孩子对妈妈也许有更高的期待，希望妈妈是超人，可以拯救地球；希望妈妈是亿万富翁，可以租下整个夏威夷；希望妈妈是道德楷模，受到万人敬仰……这与妈妈期待孩子成为科学家、富翁和君子是一样的。较高的期待建立在最基础的认可之上，孩子不能成为科学家，健康成长也值得欣慰，同样，妈妈不能做超人，相互尊重和信赖，还是应该做到的。如果妈妈连最基本的期待都无法满足，又怎能要求孩子满足你的期待呢？

妈妈爱孩子，所以对孩子充满期待，所以她会期待孩子健康成长、成人成才；孩子也爱妈妈，所以对妈妈也充满期待，所以他会期待妈妈爱护自己、欣赏自己、重视自己。期待是互相的，尤其是在互相深爱的人之间，妈妈们，请时刻记得你的孩子在期待着你，你要做个表率，实现孩子对你的期待，孩子也就会实现你对他的期待来作为回报，这也是互相的。孩子的成长离不开妈妈的积极期望，同时，也离不开对妈妈的积极期望。二者一起在积极的期望中共同进步吧！

● 赞美不能掉价，表扬不能失效

晓彤是个浓眉大眼的小男孩，他自小聪明伶俐，活泼可爱，成绩优异，爸爸妈妈、爷爷奶奶、外公外婆、姑姑婶婶、叔叔阿姨都特别喜欢他，大家对他都赞不绝口，经常对他说道："宝贝儿真是个好孩子！""你真棒！彤彤！""我们家晓彤是最好的！"……从小在赞美声中成长起来的晓彤难免有些高傲，因为他也觉得自己是最棒的，而当他慢慢长大后，他不再喜欢家长们的称赞了，突然间称赞对他失去了效用，因为他听腻了，而且也觉得大人们有点夸张。所以，晓彤渐渐对称赞免疫了，大人们如何鼓励赞美，他都提不起劲，导致他的学习和生活兴致都逐渐下降。大人们都摸不着头脑，谁也没有想到称赞对晓彤竟没有了效用。

孩子需要妈妈的肯定与鼓励，这是毋庸置疑的。但仅仅是空洞的表扬，或不着边际的吹捧，并不能培养孩子真正的自信。只有抓住孩子的长处，加以肯定与表扬，才能把真正的自信植入孩子心灵的深处。

美国心理学家里维斯博士认为，赞扬应当在孩子完成某一个值得肯定和鼓励的行为时进行，而且要恰如其分。对孩子空洞或不恰当的赞美，不仅无益，还会引起相反的效果。里维斯发现，许多妈妈常常用"你是个好孩子"之类的话来称赞孩子。这种总体的、笼统的赞美，起不了引导孩子正确自我估价的作用，因为他们无法知道自己好在哪里。妈妈应当对孩子具体的行为进行及时具体的表扬，如孩子洗了手绢，可以夸赞他洗得真干净；孩子收拾了玩具，可以表扬他收拾得真整洁。只要孩子有进步就要鼓励，每有好表现就要加强鼓励的感情色彩。如果妈妈留心，总会找出具体理由来称赞与表扬孩子。

同时，对孩子具体行为的夸奖也要适度。廉价的赞美会贬值，逐渐使称赞在孩子心目中起不了任何作用，或者使孩子形成不切实际的自我评估而盲目自满，这也会危害他们的成长。

表扬是一门艺术，过多的表扬会影响孩子的行为动机，使他为了表扬采取主动行动。所以，作为妈妈，应当明白如何进行适度的表扬：

1. 表扬要具体。表扬得越具体，孩子越容易明白哪些是好的行为，越容易找准努力的方向。一些泛泛的表扬，如"你真聪明""你真棒"虽然暂时能提高孩子的自信心，但孩子不明白自己好在哪里，为什么受表扬，且容易养成骄傲、听不得半点批评的坏习惯。

2. 表扬要及时。对应表扬的行为，妈妈要及时表扬。否则，孩子会弄不清楚为什么受到了表扬，因而对这个表扬不会有什么印象，更说不上强化好的行为了。因为在孩子的心目中，事情的因果关系是紧密联系在一起的，年龄越小，越是如此。

3. 表扬要有针对性。有些妈妈和教师常对孩子许愿："你做了这件事我就表扬你。""你考试达到 90 分我就奖励你。"这容易使孩子为得到表扬奖励才去做某件事，哪怕这件事是他应该做的；反之没有表扬奖励他就不做。这将有悖于培养孩子良好的道德行为。

4. 表扬要注意个性。对性格内向、个性懦弱、能力较差的孩子就要多肯定他们的成绩，增强他们的自信心。反之，对虚荣心理强、态度傲慢的孩子则要有节制地运用表扬，否则将会助长他们的不良性格，影响他们的进步。

5. 表扬要适度。过分的表扬易使孩子骄傲自满，过少的表扬也不利于儿童身心健康发展。儿童的成长需要妈妈的鼓励和爱抚。有一个小男孩不管有没有病都向妈妈要药吃，原来这位妈妈平时不经常表扬孩子，只有当孩子有病吃药时才说上一句"能干"，致使孩子认为自己什么都做不好，只有吃了药才算能干，所以他经常以吃药来换取表扬，求得心理上的满足。这不能不说是这位妈妈在教育孩子中的一个失误。

6. 表扬不仅要看结果，还要看过程。孩子常"好心"办"坏事"，例如，孩子想"自己的事自己干"，吃完饭后，自己去刷碗，不小心把碗打破了。这时妈妈不分青红皂白一顿批评，孩子也许就不敢尝试自己做事了。如果妈妈冷静下来说："你想自己做事很好，但厨房路滑，要小心！"孩子的心情就放松了，不仅喜欢自己的事自己做，还会非常乐意帮你去干其他家务。因此只要孩子是"好心"就要表扬，再帮他分析造成"坏事"的原因，告诉他如何改进，这样会收到较好的效果。表扬最好在良好行为之后进行，而不是事先许诺，从而增强儿童做出良好行为的自觉性。

7. 表扬的方式。只有适合孩子的表扬方式才能收到最好的效果。表扬、鼓励的方式有很多种，如购买图书、玩具、衣服、糖果、饮料等物质奖励；点头、微笑、搂抱、竖大拇指等动作，表情奖励，恰如其分的语言表扬，等等，都能带来良好的收效。

● 相信自己的孩子是天才

美国的罗杰·罗尔斯是纽约第 53 任州长，也是纽约历史上第一位黑人州长。他出生在纽约声名狼藉的大沙漠贫民窟，这里环境肮脏，充满暴力，是偷渡者和流浪汉的聚集地。在这儿出生的孩子从小耳濡目染逃学、打架、偷窃甚至吸毒，长大后很少有人会获得较体面的职业。然而，罗杰·罗尔斯是个例外，他不仅考入了大学，而且成了州长。

在就职的记者招待会上，到会的记者提了一个共同的问题：是什么把你推向州长宝座的？面对 300 多名记者，罗尔斯对自己的奋斗史只字未提，他仅说了一个非常陌生的名字——皮尔·保罗。后来人们才知道，皮尔·保罗是他小学的一位校长。

1961年，皮尔·保罗被聘为诺必塔小学的董事兼校长。当是正值美国嬉皮士流行的时代，他走进诺必塔小学的时候，发现这儿的穷孩子比海明威等"迷惘的一代"还要无所事事，他们不与老师合作，他们旷课、斗殴，甚至砸烂教室的黑板。皮尔·保罗想了很多办法来引导他们，可是没有一个是有效的。后来他发现这些孩子都很迷信，于是在他上课的时候就多了一项内容——给学生看手相。他用这个办法来鼓励学生。

当罗尔斯从窗台上跳下，伸着小手走近讲台时，皮尔·保罗说："我一看你修长的小拇指就知道，将来你是纽约州的州长。"当时，罗尔斯大吃一惊，因为长这么大，只有他奶奶使他振奋过一次，说他可以成为5吨重的小船船长。这一次皮尔·保罗先生竟说他可以成为纽约州的州长，着实出乎他的预料。他记下了这句话，并且相信了它。从那天起，"纽约州州长"就像一面旗帜，罗尔斯的衣服不再沾满泥土，说话时也不再夹杂污言秽语。他开始挺直腰杆走路，表现出从未有过的自信。在以后的40多年间，他没有一天不按州长的身份要求自己。51岁那年，他真的成了州长。

当一个孩子相信自己可以成为天才，他就会有更高的自我期望、更远大的理想和更充足的自信心，即便他不会像自己预想的那样成为天才，也一定可以在处理任何事情时彻底地发挥自己的潜能。而孩子的自信首先来自妈妈对他的信心，所以，妈妈要相信自己的孩子是天才，你的孩子就可能是天才。你的期待会使孩子感受到爱与支持，从而充满自信，生气蓬勃；相反地，你的不信任会使孩子失去信心与发展机会。

美国著名的教育专家卡尔·威特曾经说过"每个孩子都是天才"。当卡尔·威特的儿子还没有降生之前，他就坚信：对于孩子的培养，教育方法至关重要。只要教育方法正确，普通孩子也会成为不平凡的人。所以，卡尔·威特将生下来并不被看好的孩子培养成19世纪德国的一个著名的天才。他八九岁时就能自由运用德语、法语、意大利语、拉丁语、英语和希腊语这六国语言；并且通晓动物学、植物学、物理学、化学，尤其擅长数学；9岁时他进入了哥廷根大学；年仅14岁就被授予哲学博士学位；16岁获得法学博士学位，并被任命为柏林大学的法学教授。这一切，就归功于卡尔·威特的合理教育以及他对孩子的信心。

任何成功孩子的妈妈都有一个共同的特点，那就是恰到好处地夸奖孩子。恰到好处的夸奖是指妈妈的夸奖不仅能够起到良好的激励作用，还能够起到警示的作用。小卡尔·威特在《卡尔·威特的教育》一书中认为妈妈教育孩子最重要的方法是"鼓励孩子去相信自己"，只有当孩子对自己充满了信心，妈妈才能够培养出优秀的人才。而孩子对于自己的信心来源于"妈妈有效地夸奖"，这种有效的夸奖就是恰到好处的夸奖，是能够给孩子带来自信但又不至于造成自傲的夸奖。

心理学研究表明，在 0 ~ 4 岁的儿童中间，弱智儿童仅占到

1.07%，而超常儿童则在 0.03% 以上。也就是说，98% 的孩子都不存在智力问题，而是爱学不爱学、会学不会学的问题。从这个角度来看，就可以得出每个孩子都是天才的结论。无论是妈妈还是孩子自身，我们都必须改变对天才的看法，也只有在这样，我们才能真正造就出天才。

正因为如此，妈妈在培养孩子的过程中应该注意的是，一定坚信自己的孩子是最优秀的，承认孩子的优点，对他的未来充满信心，给他积极的暗示。如果自己的孩子与别的孩子在某一方面相比成绩平平，甚至远远不如别的孩子，即便是在这个时候，妈妈也要坚信自己的孩子在另外一些方面也一定有他的过人之处，只是现在还没有表现的机会而已。作为妈妈，一定要仔细观察孩子闪光的一面，肯定孩子存在的优点。

● 孩子的能力不可低估，努力发现自己的孩子

幼儿园里的《幼儿思维游戏》开课了，这未免叫妈妈有些担心。在妈妈看来，这些小不点认知能力很弱，况且有的连话还说不清，不哭不闹就不错了，怎么可以接受这些思维游戏的课程呢？有的妈妈带着好奇和怀疑，跟着孩子观摩了一节课。

这节课的名字是《小蚂蚁看世界》，小朋友们随着老师一起走进了故事中来认识世界，他们不仅认识了冬天，还知道了小熊

和小松树喜欢吃什么，知道了小动物是怎么过冬的，知道了啄木鸟可以给树治病，等等。在上课的时候，孩子们通过操纵游戏材料，不停地在思考，整个课堂处于积极活跃的状态。妈妈们亲眼目睹，证实了孩子的能力不能低估。只要妈妈给他们的思维发展创造条件，他们就可以创造出让妈妈意想不到的奇迹。

其实只要妈妈们细心观察就可以发现，多给孩子一些自主的空间，多给学生一些动手的机会，就会发现原来孩子并不是妈妈们所想象的那样，孩子的能力是不可低估的。孩子往往有自己的想法和见解，但是有的时候却表达不出来，甚至连自己都意识不到。作为妈妈要帮助孩子发现自己，多与孩子进行对话，多给孩子一些展示自己的机会，多观察孩子面对不同挑战时的反应，就会发现孩子并不是妈妈们所想象的那样简单。

一个孩子，他究竟有多少能力还没有被开发出来，作为妈妈估计心中都是没数的。孩子对于成人而言，永远都是个谜。也许是因为他还小，纵然心中有无数奇妙的想法或是什么好的实施方案，也没有办法表达出来，甚至连他自己也没有意识到这一点！作为妈妈，应该经常有针对性地对孩子进行一些测试和观察，看他对不同的环境有着什么样的不同反应，才会明白他究竟在哪些方面有天赋可以供妈妈们开发。

每一个人都是天才，都具有一定的天赋。如果在小的时候能够被别人发现并培育，那么这个人就会取得非凡的成绩。相反，这个人就会默默无闻地度过一生，虽然他本身并不缺乏潜能。

妈妈们不仅要相信自己的孩子是个天才，还应敏锐地发现孩子的才能究竟表现在哪里，尽管这是一个相当复杂艰难的过程。挖掘孩子是一项艺术，即便那些看上去有些愚钝的孩子也有别人所不及的潜力，关键在于妈妈是否热忱地将孩子的潜质打开。

格莱斯顿曾经说过，最有意义的事情莫过于把一个孩子内心潜藏的热忱激发出来。事实上确实如此，每一个孩子身上或多或少都有一些将来可以成就大器的潜质。不仅那些反应敏捷、聪明伶俐的孩子是这样，即便是那些相对木讷，甚至看起来有些愚钝的孩子也有这样的潜质。一旦有人将他们的潜质打开，凭借这种热忱的力量，原先人们在他们身上看到的那种"愚钝"便会慢慢消失。

诺贝尔奖的获得者奥托·瓦拉赫在刚读中学的时候，妈妈建议他学习文学，可是老师认为他"过分拘泥，不可能在文学上有所发挥"，后来他又改学油画，老师认为他"素质一般，将来难有造诣"。面对如此"笨拙"的学生，化学老师却发现了他做事一丝不苟且耐心专一的特点，建议他学习化学。瓦拉赫改学化学之后，潜能被逐渐激活，并获得了诺贝尔奖。

成功专家罗宾曾说："每个人身上都蕴藏着一份特殊的才能。那份才能犹如一位熟睡的巨人，等待着妈妈们去唤醒他。"每个孩子都有自己的闪光点，作为妈妈，要认清自己的孩子，了解孩子的长处和短处，挖掘孩子的潜能，因材施教，扬长避短，相信每个孩子都能成才。

当妈妈们明白了这个道理之后，相信很多妈妈都会下决心把精力放在开发孩子上。可是，如果培养方法不得当，岂不是空忙一场吗？在发现孩子潜能这一方面，让妈妈们领教一下美国著名心理教育学家霍华德·加德纳的理论。

霍华德·加德纳是世界著名教育心理学家，美国哈佛大学教育研究生院心理学、教育学教授，加德纳发现并提出的"多元智能教育"的创新理论与方法，引起世界各国的广泛关注，并得到了包括中国在内的教育界人士的高度评价。他认为：给自己足够的弹性，给孩子足够的信心，是很重要的教养态度。而多元智能的重要性就在于：它给了每个人不同的发挥与成功机会。一旦妈妈们有多元智能的观念，便可以学会用较为宽广的角度来看待孩子的一举一动，来发觉孩子的不同潜能。如此一来，也就比较不会落入过去传统"只求考试成绩好"的桎梏中，而忽略孩子的其他能力；甚至也不会因此给自己和孩子过多的压力和期待。因为懂得适才适性，不仅让孩子能尽情探索和发挥，也可以让自己成为快活轻松的妈妈！

妈妈要先把孩子当成天才，他才有可能是个天才。努力发现自己孩子的与众不同之处，及早对孩子的综合才能进行正确地评估，尽早发掘孩子的特长和潜能，那你的孩子也许能成为天才。

● 目标是一种积极期望，也是孩子成长的需要

早在儿童时代，比尔就是一个有想法的、早熟的孩子，表现出强烈的想成为人中之杰的愿望。在湖滨学校上学时，比尔·盖茨跟一个老师说，将来他一定能成为一个百万富翁，用现在的说法就是那时他就有远大的目标。

湖滨中学是美国最先开设计算机课程的学校。盖茨如鱼得水，求知欲得到极大的满足，凡能弄到手的计算机书刊、资料，盖茨总是百读不厌，还能举一反三。同窗好友保罗·艾伦，常向盖茨发难和挑战，坚强的意志力和强烈的进取心使他俩成为知己。艾伦曾说："我们都被计算机能做任何事的前景所鼓舞……盖茨和我始终怀有一个伟大的梦想，也许我们真的能用它干出点名堂。"

当艾伦醉心于专业杂志时，盖茨喜欢读一些商贸杂志。他们甚至想到用学校的计算机赚上一笔。盖茨的计算机水平提高极快，以致许多高年级学生向他请教。在破坏计算机安全系统方面，盖茨可算是行家里手。在计算机中心公司，他们发现了一种弄虚作假的办法，使计算机按他们的程序工作，而使用的计时记录却保持不变。一旦系统出现问题，公司人员立即就会猜出是盖茨捣的鬼。作为免费使用计算机的交换，盖茨和艾伦把发现的问题逐一记录，汇编成册，起名为《问题报告书》。半年后，《报告书》已增至300多页。

盖茨一直有一个伟大的目标：将来，在每个家庭的每张桌子

上面都有一台个人电脑，而在这些电脑里面运行的则是他本人所编写的软件。正是在这一伟大目标的驱动下，微软公司诞生了；也正是在这个公司的推动和影响下，软件业才从小到大，并发展到今天这种蓬勃兴旺的地步。

比尔·盖茨白手起家，最终成功创建微软帝国，这与他小时候确立的目标不无关系。事实上，追求卓越的创业天才，往往从小就有目标。

有目标的人，就有一股巨大的、无形的力量，将自身与事业有机地融合为一体。目标，能唤醒人，能调动人，能塑造人，目标的力量是难以估量的。有明确目标的人，生活必然充实有劲，绝不会因无所事事而无聊。目标能使人不沉湎于现状，激励人不断进取，引导人不断开发自身的潜能，去摘取成功的桂冠。

所以，每一个孩子都应该在心中树立一个目标，然后着手去实现它。他应该把这一目标作为自己思想的中心。这一目标可能是一种精神理想，也可能是一种世俗的追求，这当然取决于他此时的本性。但无论是哪一种目标，他都应将自己思想的力量全部集中于为自己设定的目标上面。他应把自己的目标当作至高无上的任务，应该全身心地为它的实现而奋斗，而不允许自己的思想因为一些短暂的幻想、渴望和想象而迷路。

如果你的孩子尚且年幼，那你不妨教会他在做每一件小事时都给自己设定一个可行的目标，比如搭积木，有的孩子搭得又快又好，有的孩子却反反复复也搭不出一个样子，这就是有目标和没有目标的区别。因此我们不妨在孩子动手做一件事前，总能先提示性地问问他：你要做的是什么？要做到什么程度才可以呢？这样习惯成自然，渐渐地，孩子就会懂得凡事都给自己确立一个目标了。

同为有目标的人，有人成功了，有人未成功，有人大成功，有人小成功。这与目标是如何确立的有很大关系。一个很容易付诸于成功的目标具有两个特征：目标远大；目标可以量化。只要达到这两点，目标就很容易实现。

如果你的孩子正在为不知填报哪所高校和专业而犯愁，那你不妨问问他下面几个问题来启发他们：

1.你想在你的一生中成就何种事业？

2.在你的日常生活中哪一类的成功最能让你产生成就感？

3.你最热爱的工作是什么？

4.如果把它作为自己终生的事业，怎样做到在有利于自己的同时，也对别人有帮助？

5.你有哪些特殊的才能和禀赋？

6.周围有些什么资源可以帮助你实现自己的目标？

7.除此以外，你还需要什么才能实现自己的目标？

8.有没有什么职业是你内心觉得有一种声音在驱使我去做的，而且它同时也会让你在物质上获得成功？

9.阻碍你实现自己目标的因素又有哪些？

10.你为什么没有现在去行动，而是仍然在观望？

当他们认真、慎重地思考上述问题后，你会发现，它对寻找、定位自己的远大目标，将有切实的帮助。

事业有成，是目标的赠予。确立了有价值的目标，才能进一步地分配自己的时间和精力，准确地寻觅突破口，找到聚光的"焦点"，专心致志地向既定方向前进。目标如一的人，能抛除一切杂念，聚积起自己的所有力量，全力以赴地朝目标迈进。

不甘作平庸之辈的人，必须要有一个明确的追求目标，才能调动起自己的智慧和精力，全力以赴为自己的目标而行动。所以，妈妈应鼓励孩子树立目标，将这种积极的期望化为前进的动力，最终在追求目标的过程中收获成就。

● 孩子的自信来源于妈妈的信心

爱因斯坦小时候，老师和同学都认为他是个"傻子"。不仅功课很差，而且连话都说不清楚。面对人们的讥笑和议论，担任电机工程师的父亲并没有对孩子失去信心，他相信爱因斯坦一定能成才，并且期望他能做出伟大的事业。为了培养起孩子的自信心，父亲为爱因斯坦买了积木，让他搭房子，搭好一层，便表扬和鼓励孩子一次，结果，爱因斯坦情绪高涨地一直搭了14层。父亲还积极透过各种方式帮助爱因斯坦建立自信，消除其消极情绪，同时点燃了爱因斯坦心头的希望之火，让爱因斯坦振作起来，使他以一种不断进取的心态，努力奋进，最终成为举世瞩目的伟大的物理学家。

自信心能够让一个孩子坚信自己有能力克服困难并相信自己能够成功。美国历史上的著名富豪范德比尔特曾经说过："一个充满自信的人，事业总是一帆风顺的，而没有自信心的人，可能永远不会踏进事业的门槛。"

李开复在美国上学期间，曾经因为能背出很多数学公式而被老师夸奖为"数学天才"。其实李开复心里很明白，自己根本就不是什么数学天才，只是把以前记住的东西搬了出来。但是自信的力量是无穷的，在这种自信心的驱使下，他开始认真地学习数学，并且还在全州的数学竞赛中获得冠军。

自信心是孩子潜力的"放大镜"，是孩子取得成功的根本，而孩子的自信，首先来源于妈妈的赏识以及信任。如果一个孩子成长在只有批评没有夸奖的环境中，就很难能有自信。相对说来，一个积极夸奖的环境更容易激发孩子的自信。

给孩子一些正面的夸奖，让孩子知道妈妈其实在注意他做的每一件事，这对于他的成长很有好处。自信是需要逐步来培养的，妈妈可以帮助孩子制订一个长期的计划。比如让孩子每天都在听你讲过故事之后发表自己的见解，如果能坚持一个星期就可以奖励他。一年以后，也许你就发现孩子特别愿意在众人面前表现自己。

妈妈相信自己的孩子是有能力的，这对孩子能力的发展有巨大的促进作用。著名的"罗森塔尔效应"就是说明这个问题的。

罗森塔尔是美国的心理学家，1966年，他做了一项关于学生对成绩期望的实验。他在一个班上进行测验结束之后将一份"最有前途者"的名单交给了校长。校长将这份名单交给了这个班的班主任。8个月之后，罗森塔尔和助手再次来到了这个班，发现被列为"最有前途者"的学生成绩大幅度提高。其实，学生成绩提高快的原因很简单，因为老师更多地关注了他们，他们也对自己更有信心了。

其实，每个孩子都有可能成为非凡的天才，但是这种可能的实现，取决于妈妈是否可以像对天才有信心那样对孩子有信心。

如果你想培养自信的孩子，最好的方法是多对孩子进行鼓励，留意你对孩子说的每句话的措辞和语气，多做肯定性的评价，如"我相信你做得到的"，"我对你有信心"，"你做得真出色"，等等。卡耐基在他的人际交往课程中也提到这样一个例子，如果想改变一个孩子读书不专心的态度，妈妈会对孩子说："哈姆，我真的要以你为荣，这个学期你的成绩进步了，但是假如你的数学可以更努力一些就更好了。"孩子听到了妈妈这样的评价，非但不会从内心感到高兴，反而觉得妈妈在批评他，前面的表扬只不过是为了批评而做的铺垫罢了。而最聪明的妈妈会这样讲："哈姆，你这个学期的成绩进步了很多，我们真的要以你为荣呢。而且，只要你下个学期继续努力，你的数学也一定会更出色的。"

孩子的成长离不开自信，也就是离不开妈妈对他的信心。妈妈不要吝啬自己对孩子的赏识和信任，要让这些正面能量转化为孩子的自信，让源源不断的自信成为孩子不断进步的动力，让这些动力创造出孩子精彩丰富的一生。

● 孩子需要妈妈给予成就感

母亲要给几个孩子分苹果。可是苹果有红有绿，有大有小，各不一样。

一个母亲告诉孩子："好孩子要学会把好东西让给别人，不能总想着自己。"

另一个母亲把那个最大、最红的苹果举在手中，说："这个苹果最大、最红、最好吃，谁都想要得到它。很好，现在，让我们来比赛一下，我把门前的草坪分成几块，你们一人一块，负责修剪好，谁干得最快、最好，谁就有权得到大苹果。"

结果，前一个母亲教育的孩子为了讨母亲的欢心，学会了撒谎，最后进了监狱。而后一个母亲的儿子从中明白了一个最简单也最重要的道理：要想得到最好的，就必须努力争第一，最后成了白宫的主人。

第二个母亲，她做法的高明之处在于激发了孩子的成就感。经常有成就感的孩子能够在将来更好地实现自己的人生目标。妈妈都希望自己的孩子将来能够出人头地，那么如何培养孩子的成就感呢？可以从下面的几个方面开始：

1. 建立起良好的亲子关系。良好的亲子关系是提升孩子成就动机的大前提。孩子敬重和认同妈妈，这样能够充分发挥妈妈的影响力，妈妈正确价值观的建立对孩子的成就欲也有着间接的鼓励。

2. 丰富孩子健全的情绪体验。脑生理学家指出，支配创造欲望的区域与支配情感的区域，同在大脑"新皮质"的额叶。这正是与动物本质不同之所在。人有两片额叶，动物没有。只有人才会产生动物远不能比拟的复杂欲望和感情。因此，要发展孩子的成就欲，必须丰富孩子的情绪体验，使他们成为情感丰富、健全的人。

3. 要尊重孩子的独立性。孩子在独立做事情的时候会体验到各种情感，这种体验会反过来激发他们做事情的欲望和兴趣。在自己的努力下取得成功时，心情与在别人帮助或强迫下成功是大不一样的，巨大的喜悦会激起他们争取更大成功的欲望。相反，失败了也会使他们产生不屈不挠的精神。

4. 要创造条件让孩子尽早取得成功。成功欲是在一次次取得成功的基础上发展起来的。因此，无论孩子学什么、做什么，都要为之创造条件，耐心引导。切忌冷嘲热讽，伤害孩子。

5. 适时地给予正向回馈。适时的鼓励和支持能成为激发孩子成功的动力。回馈可以用具体明确的言语表达，也可选择孩子感兴趣的方式。

成就感其实也是一种积极的期望，一种积极的肯定，会给孩子带来无穷的力量，妈妈要适当给予孩子成就感，让他尝到甜头，从而激发他去追求更多的成就感！

第五章

给孩子自由的空间，
让孩子拥有自己的意见

● 妈妈一天不放手，孩子一天长不大

妈妈们在一起，难免会说起自己小孩有哪些地方做得不好。有的家长说，我家孩子就是太懒了，什么事情都不愿意动手。说这种话的家长，往往是什么都已经替孩子做好的家长。漫画家几米说过："大人一边嘲笑别人的孩子是温室的花朵，一边又把自己的孩子培养成温室的花朵。"什么事情都帮着做完了，孩子还能做什么！正是因为有一些太勤劳的妈妈，才有了太懒惰、太没主见的孩子，不知道照顾自己，上大学了才第一次洗袜子、叠衣服，把小时候该流的眼泪，全流完了。妈妈不松手，孩子怎么独立呢？

有一个妈妈带着孩子去咨询人生规划老师，问她的孩子应该怎么选择自己的道路。规划师问孩子："你有什么想法？"孩子说："问我妈。"人生规划师对妈妈说："你是不是一直帮他系鞋带，在他离家的时候，就买无鞋带的鞋子？"妈妈说是。规划师又问："你是不是一直送他上学，哪怕到了大学？"妈妈说是。"你是不是一直在帮他找工作，没有办法才来我这里？""是。""你的孩子无论在哪里都是一样的，因为他都要先从零开始，学会依靠自己！"人生规划师的话，出乎妈妈的意料，但是她也马

上意识到，自己为孩子做得太多了。

孩子在小的时候，对父母、长辈有所"依赖"是自然的，也是正常的表现。不过，随着孩子年龄的增长、自立能力的增强，妈妈就要开始有意识地锻炼他们的自理能力，帮助他们改掉依赖的习惯了。有的时候，故意"缺席"、故意"装傻"等，都是戒除孩子的依赖心，让孩子得到更好锻炼机会的好办法。因为只有失去了妈妈这个"靠山"，孩子才能自己开动脑筋想办法解决问题，让自己从困境中脱离出来，才能获得能力的发展与进步。

在孩子两岁以前，他本身的能力水平还十分有限，这个时候，妈妈应该给予他百分之一百的爱与呵护，给他非常温暖的环境，给他自信心，让他知道无论如何妈妈是爱他的。等到孩子两岁以后，他的体能和智力发展程度就已经到了一个可以独自处理一些问题的水平了，从最简单的生活自理，到之后的知识学习、社会性发展等等。这个时候，妈妈就必须酌情放手，让孩子及早养成凡事依靠自己的习惯，自己收拾、打扫房间，摆好自己的衣服，吃完饭收拾和洗碗；学习上遇到了困难要开动脑筋、多思考，不要动不动就去问别人；父母工作忙的时候要学会自己做饭；等等。生活中的点点滴滴，都可以当成锻炼自理能力的机会，不能事事由父母出面解决。

不要再事无巨细地给孩子做事情，让他们自己动手吧！只有那样，孩子才能真正获得成长的机会，才能成为一个健全且有能力的人。

● "不放手"来源于妈妈的心理恐惧

如果你稍加留心，也许以下几个镜头对你来讲并不陌生：孩子吃饭时，不愿意吃，边跑边玩，妈妈端着饭碗，在后边追着喂；走在马路上，常常看到已会跑会跳的孩子，偏要伏在家长背上，纵然家长已累得满头大汗，孩子仍旧不肯下来自己走；孩子上学或放学时，书包无一例外地放在接送的家长手上……

与孩子手拉手过街、手拉手进教室，甚至手拉手进厕所，只怕孩子有个闪失；在爱的理由下，家长总是从吃饭、穿衣到上学、交友，从课后作业到假期安排，无不尽心思谋，只差代孩子去生活了。别说让孩子独自在家，就连孩子一点自由的空间都被众多的目光所关注，被众多的手所控制。久而久之，孩子本来具有的创造性、主动性，都泯灭于过多的呵护之中。

当新生儿呱呱落地的时候，首先要做的是剪断与妈妈相连的脐带。只有剪断脐带，才能母子平安，才能使婴儿有生存下去的希望。同样，在孩子的成长过程中，若不给孩子独自的生活空间，漠视孩子主动性的存在，表面上为他营造出温室一样的环境，则无异于夺去了他们独自生长的权利。试想，成人可以安排好孩子的幼年生活，可以安排孩子的小学、中学甚至大学，但如何安排他们的中年和老年呢？

世界上没有一种爱能超越妈妈对孩子的爱。妈妈之所以对孩子难放手，多数情况下也是出于由这种难以割舍的爱而产生的恐惧心理。自从有了孩子之后，妈妈就永远充满了各种各样的担心和忧虑，担心孩子生病、担心孩子受伤、担心孩子没吃饱、担心孩子受欺负……而且，只要孩子一有风吹草动，妈妈就紧张得不得了，稍有不适就半夜三更地往医院赶，恨不得自己能代替孩子生病；不敢让孩子做"危险"的事情，哪怕自己可以提供保护，仍害怕孩子受伤；看到孩子被小朋友打就感到心疼和委屈，一个箭步冲上去拉开；孩子一顿饭没吃好，就担心孩子的营养跟不上会影响长身体；等等。这种种的担心和紧张往往会化作深深的恐惧，让妈妈难以放开孩子的手，让孩子独自行走。

苏联著名教育家马卡连柯曾说过这样一句话："最可怕的是用父母的幸福来栽培孩子的幸福。"不肯放手的妈妈们是否想过，为了孩子，已经牺牲了自己多少幸福？又给孩子带来了多少幸福呢？陪着孩子做这做那，帮助孩子做这做那，并不是帮助孩子成长的良策，也并不能从根源上解决孩子成长过程中必须要他独自面对的一些问题。况且，妈妈可以一直握着孩子的手到什么时候呢？孩子上了小学之后还有中学，上了中学之后还有大学，大学之后还有漫长的人生路，妈妈难道能一直握着孩子的手，陪着孩子走下去吗？

在现代教育中，培养孩子独立自主、自强不息的精神和品格，远比单纯教授课本知识来得重要。过度的呵护不仅让孩子永远无法真正长大，甚至还有可能害了孩子一生。如果因为过多呵护，不肯彻底放手，总是越俎代庖，不给孩子一点独立的空间和独自面对挑战的机会，那么只能使孩子常常处于依赖、被动的状态，自主性和自觉性明显下降。这样一来，爱就变成了害，妈妈恐怕就要得不偿失了。

所以，因为恐惧而迟迟不肯放手的妈妈，必须要首先解决自己的问题，克服内心的恐惧，摆正自己的心态。要试着相信自己，相信他人，相信孩子。如果妈妈总是习惯性地紧盯着孩子，眼睛一刻都无法离开自己的孩子，无论做什么事情脑子里都在想着孩子，那么不妨多关注一下外面的世界，找些自己感兴趣的事情来做，来分散一下注意力，缓解莫名的紧张和恐惧情绪。要知道，孩子在一天一天长大，思维和能力都会越来越强，有些事情，不需要妈妈的帮助，他自己同样可以做得好。

● 别做控制孩子的"遥控器"

"不能听从自己内心的声音"，这是很多成年人都有的通病。如果究其根源，那么多数都能追溯到其童年时期。孩子天生是不会在乎别人眼光的，他们来到这个世界，无知无畏。如果一个人在幼年时期从来没有自己做过主，长大后必然毫无主见。在童年时期，成人如果给过孩子太多的不客观评价，会导致孩子丧失客观认识和评价自己的能力，依赖于外界对他的评价。如果成人压制了孩子的很多正当需求，就等于剥夺了孩子身体和心灵的自由，令孩子失去独立自主的能力。

随着自我意识的发展，大约在 2 岁的时候，孩子开始进入了人生的第一个叛逆期。这个时候妈妈可能会发现，一直很听话很温顺的孩子突然学会和大人顶嘴了，突然懂得对大人提出的要求说"不"了。他们试图做自己的主人，不愿意别人对他指手画脚，这正是孩子走向独立自主的开始。

不过遗憾的是，并非所有的家长都能明白，顶嘴反抗从某种程度上讲是孩子成长的标志，是值得替孩子感到惊喜的。相反，很多家长会觉得这是孩子在挑战自己的权威，如果自己不"摆正"孩子态度的话，那么以后就会在孩子面前失去家长的尊严和威信，于是开始变本加厉地想要给孩子"拨乱反正"，因为似乎只有如此，他们才会感到自己作为家长的存在感。这种想法以及做法，可以说是极其自私的，是违背孩子发展规律的，长此以往，轻则会令孩子叛逆不安，重则会令孩子产生人格上的缺陷。

一天，一位妈妈带着 3 岁的儿子去附近的公园玩。看见别的孩子都在蹦蹦床上蹦蹦跳跳，妈妈便鼓励儿子也去玩。但是，孩子看到那里有些大孩子蹦起来很高，便不敢去了。这位妈妈觉得很丢脸：别人家的孩子敢玩，我的儿子为什么不敢呢？于是就鼓励他说："不怕，上去和大哥哥一起蹦蹦，很好玩的！"可孩子还是不敢，纹丝不动。

这下妈妈有些心急了。她不管儿子怎么想，就给他脱了鞋子，把他抱到蹦蹦床上。蹦蹦床上因为有很多孩子在蹦跳，自然弹个不停，儿子一下子被吓哭了。妈妈更急了，她绷起脸对儿子说："你今天不跳我就走了，不要你了，把你扔在这里！"结果，儿子的哭声越来越响，不过妈妈根本对他置之不理。过了一会儿，孩子也许看到了妈妈的态度很严厉，只好放低哭声，慢慢站起来扶着蹦蹦床的边沿走动。妈妈觉得自己成功了，便高兴地想要奖励儿子一番。回家路上，她给儿子买了一个他想要很久的玩具车。可是，当这位妈妈把车送到孩子手上的时候，孩子却一下子把车扔到妈妈的身上。

每个孩子的个性是不同的，素质也不同。如果妈妈忽略了孩子的个性特征和能力，一味地把自己的意志强加给幼小的孩子，这就是一种任性。就像上面故事里的这位妈妈，她强迫才3岁的孩子一定要在蹦蹦床上和大孩子一起玩，这在她看来是培养孩子的勇敢精神，但对于孩子来说这却是一种恐惧和折磨。

在孩子小的时候，妈妈的任性可以逼迫孩子去做一些事，孩子也会顺从妈妈的意志。但当孩子长大一些，妈妈的任性往往会培养出更加任性的孩子，他们会叛逆，会反抗，会通过各种或对或错的方式追求自己的尊严。而在这个过程里，孩子就难免会走上一条弯路，做出伤害自己或是伤害他人的事。

如果妈妈们能够换位思考一下，不妨想一想自己小的时候，是不是也特别不希望家长干涉自己的事情呢？其实，只要孩子要做的事情不妨碍别人、不伤害自己、不破坏环境，就应被视为合理要求，尽管去做，不需要征得任何人的同意。但是，如果某件事情违背了上面的这些原则的话，那么妈妈就要坚决制止，并一定要对孩子说出拒绝的理由，而不是用妈妈的权威去"无理"压制孩子。

当然，这其中最为关键的是，妈妈要在意识上明确这一点：每个孩子是独立于我们的个体，不是我们的附属品，孩子获得自由和自主的权利是他们天生的权利，而不是父母或任何人赋予的。

● "鱼缸法则"：把孩子放到"水池"中去

走进美国某超大公司的纽约总部，首先映入眼帘的是办公室门口摆着的一个漂亮的鱼缸。鱼缸里十几条产自热带的杂交鱼开心地嬉戏着，它们长约 3 寸，脊背一片红色，头尤其大，长得很是漂亮。进进出出的人几乎都会因为这些美丽的鱼而驻足停留。

头大背红的小鱼们一直在鱼缸中生长着，它们过得相当自得其乐，时而游玩，时而小憩，吸引着众人欣赏的目光。两年过去了，小鱼们的个头似乎没有什么变化，依旧 3 寸左右，在小小地鱼缸里游刃有余地游来游去。

这一天，董事长的顽皮小子来找父亲，看到这些长相奇特的小鱼，很是好奇，于是非常兴奋地试图去抓出一只来，慌乱中，鱼缸被他从桌子上推了下来，碎了一地。鱼缸里的水四处散溢，十几条热带鱼可怜巴巴地趴在地上喘气。

人们急忙把它们捡起来，但是鱼缸碎了，把它们安置在哪儿呢？人们四处张望，发现只有院子中的喷水泉可以做它们暂时的容身之所，于是人们把那十几条鱼放了进去。两个月后，一个新的鱼缸被抬了回来。人们纷纷跑到喷水泉边捞那些漂亮的小鱼。十几条鱼都被捞起来了，但令它们非常惊讶的是，仅仅两个月的时间，那些鱼竟然都由 3 寸来长疯长到了 1 尺！

对于鱼的突然长大，人们七嘴八舌，有的说可能是因为喷水泉的水是活水，最有利于鱼的生长；有的说喷水泉里可能含有某种矿物质，是它促进了鱼的生长；也有的说那些鱼可能是吃了什么特殊的食物。但无论如何，都有共同的前提，那就是喷水泉要比鱼缸大得多！

这就是"鱼缸法则"。把这条原理应用于教育同样适用，孩子的成长需要自由的空间，而妈妈的保护往往就像鱼缸一样，孩子在妈妈的鱼缸中永远难以长成大鱼。要想孩子健康强壮地成长，一定要给孩子自由活动的时间，而不让他们拘泥于妈妈提供的"鱼缸"中。随着孩子的成长，妈妈应给孩子越来越多的自由来控制自己的生活。妈妈必须有意识地要求自己，甚至是克制自己，不要有那种什么事都为孩子做的想法和冲动，给孩子充分的空间，孩子才能长得更好。

但是现实生活中，妈妈却常常忽略了孩子最需要的东西，而把一些他并不需要的塞给他。很多妈妈把所有的业余时间都用在孩子身上，接送孩子、陪写作业、监督学习、找老师了解孩子情况等；把辛辛苦苦挣的钱也全部投到这个"成长股"身上，送他去最好的学校、报各种各样的兴趣班、找家教老师补课……往往这些妈妈牺牲了自己，却并没有能够成全孩子。结果使得自己身心疲惫，孩子不但没长进，反而还会变得脆弱不堪。

其实，作为妈妈，应该除掉多余的担心，尽可能地让孩子接触到各类东西，让孩子自己去体验各种各样的经历。每个孩子都有自己的选择方式，都有自己的想法，都有自己的定位，每个孩子的世界都是一个相对独立的世界。对生活的环境，孩子们已经逐渐形成自身的一套处事方式，妈妈不要过于强求孩子做不愿做的事情。强制性的教育方式带来的只有孩子的逆反心理。

妈妈要让自己成为孩子的引导者，而不是强制者。给孩子一定的自由，表明我们信任和尊重孩子。得到信任和尊重的孩子也会因此更加尊重我们、爱我们。"黎巴嫩文坛骄子"纪伯伦在他的《先知》中谈到家庭时，写下了这样几段话：

你的儿女不是你的儿女。他们是生命对自身渴望所产生的儿女。

他们经由你出生，但不是从你而来，虽然在你身边，却不属于你。

你可以给他们你的爱，而不是你的思想，因为他们有自己的思想。

庇护他们的身体，而不是他们的灵魂，因为他们的灵魂住在你梦中也无法企及的明天。

你要向他们学习，而不是使他们像你。因为生命不会后退，也不会在昨日流连。

你是弓，儿女是从你这张弓里发射而出的活生生的箭。

弓箭手望着永恒之路上的箭靶，他会施全力将你拉开，使他的箭射得又快又远。

欣喜地在弓箭手中屈曲吧！因为他爱飞翔的箭，也爱稳定的弓。

他的看法是精辟而深刻的，他阐释了家庭教育中亲子关系的真相。孩子也是一个个体，他虽然是妈妈生命的延续，但他有自己的个性、思想、灵魂和生活。他需要自由，需要不断奔跑，需要梦想，更需要理解和爱。

● 小孩的隐私也是神圣不可侵犯的

一天，女儿放学回家，发现妈妈正在看自己写的日记，她十分生气，对妈妈抱怨道："老师说日记是自己的秘密，任何人都不能偷看！你为什么要偷看呢？""这怎么能说是偷看呢？妈妈看你的日记是为了多了解你，及时发现你有什么需要帮助的问题，妈妈好来帮助你。"

"我不需要你的帮助！反正老师说了日记不能让其他人看。"

见平时乖巧的女儿现在大声地和自己叫喊，妈妈也生气了："怎么这么说话呢？我是你妈妈，难道我把你养这么大，还没有资格看看你的日记吗？"

女儿哭着叫喊："那是我的秘密，是我的隐私。"

说完，女儿一把夺过妈妈手里的日记，跑到自己的房间里躲了起来。

很多孩子都会写日记，尤其是感情更为丰富、细腻的女孩儿。日记就如同一位亲密的朋友，它是孩子倾吐心声的对象，是孩子存放隐私的好地方。隐私是每个人心中不愿告诉他人的秘密。人人都有自己的隐私，孩子们也不例外。

但孩子有了隐私，许多妈妈总是千方百计地去侦察，如翻抽屉看日记、拆信件，甚至打骂训斥。因为在妈妈们看来，孩子的隐私都是些小事。可对孩子来说，再小的隐私对他们来说都是大事。妈妈不尊重自己的隐私，就是对他们不信任、不尊重，伤害了他们的自尊心，破坏了孩子的安全感。曾经有个小女孩的日记被妈妈偷看后，她心里一直有阴影和伤害，她再也不敢写日记，再也不敢告诉妈妈心里的小秘密了。更严重的情况下，孩子可能还会因为妈妈不尊重自己的隐私产生对妈妈的敌意和反抗，导致妈妈与孩子关系恶化。

因此，妈妈应该尊重孩子的隐私，让他有种平等的感受，这是对孩子人格的保护，妈妈也会因此而赢得孩子的敬重和爱戴。

孩子的隐私不仅仅会藏在笔记本里，其实会存在于孩子生活中的方方面面，所以，生活中妈妈要给予孩子足够多的尊重，而不要有意无意地侵犯孩子的隐私。

一位母亲苦恼地对朋友说，不久前他儿子的门上挂了一个牌子，上面写着"有事请先敲三下，允许，方可进入"。一次，母亲未敲门进入房间，孩子竟恼怒地大声问道："有什么事？为什么不敲门进来！"她十分伤心："白养这么大了，竟然这样对待我。"

对此，她的儿子是这样说的："我看书写作业时，有时写着写着，感到背后有喘息声，猛一回头，发现爸或妈正在偷偷地看我，每当这时，我就觉得自己像做错了事，气得跟他们吵。对他们不敲门进房间我特反感，每个人都要尊重别人，父母也不例外。"

孩子之所以要求妈妈"请勿打扰"，根本原因在于妈妈无视孩子的隐私，不尊重孩子的人格与自尊，"看"着孩子学习，引起孩子的反感。如同妈妈有属于自己的个人空间一样，孩子也需要属于自己的空间，就如同妈妈单独在自己房间中的时候不愿意让孩子看到一样，孩子们也有他们自己的情感世界，自己的隐私空间，他也不喜欢别人闯入自己的私人空间，盯着自己的隐私看。

孩子作为一个独立的个体，具有自己的隐私和敏感的自尊心。他渴望被尊重、被承认，妈妈就应该尊重孩子的隐私，保护孩子的自尊心。孩子得到了妈妈的尊重后自然也会懂得如何去尊重妈妈、尊重他人。懂得尊重孩子的妈妈在孩子心中也必定是有威信的，懂得尊重孩子隐私的妈妈，必定是孩子愿意告之一些隐私的妈妈。

给孩子自由思考的空间，就是给创造性思维生长的空间

对亨利先生而言，有一个孩子令他印象颇深，他是从中国来念书的贝贝。

亨利先生教学的特点就在于为孩子们提供一个可以自由思考的环境，他希望孩子们能够在思考问题的过程中逐渐建立起自由思考的能力，进而让孩子们学会一些独特的思维方式。有一次，他为班上的同学们出了一个讨论题目：传统文化和现代文化的关系。他让 12 名学生分成正方和反方以讨论的形式开展辩论，而贝贝则抽到了传统文化的那一组。

当对方的同学陈述了一番现代文化的繁荣之后，贝贝开始滔滔不绝地讲起了他所谓的"大树理论"：传统文化是一切文明的根，而现代文化只是建立在传统文化之上的叶子，如果没有根，哪里会有叶？所以，传统文化比现代文化更重要。同学们为贝贝的理论感到惊奇，觉得贝贝说得真是太有道理了。可是正当贝贝为此而沾沾自喜的时候，亨利先生宣布让双方来一个大对调，贝贝一下又成了维护现代文化派。

这一下，对方就直接质问贝贝："你刚才不是陈述了大树理论

吗？你说的根比叶子更重要，这下你要怎么解释？"没想到，贝贝立即反驳道："树叶的光合作用就是为了维持大树的生命，如果没有了树叶，树根一定会死掉。所以如果没有现代文化的发展，古代的传统文化也就不会有光泽了。"全班同学都为贝贝的诡辩连声喝彩。而亨利先生也很欣赏这位有着独特视角的中国娃娃。

凡是善于引发灵感，能够形成创造性认识的人，都很会用脑。一般人以为显而易见的现象，他们却产生了疑问；一般人用习惯的方法解决问题，他们却有独创。他们的特点是喜欢自由思考，遇事多问几个"为什么"，多提几个"怎么办"。任何创新项目的完成，都是自由思考和钻研探索的结果，因此就不能迷信、不能盲从、不能只用习惯的方法去认识问题，或只用已有的结论去解决问题，也不能迷信专家、权威，而是要从事实出发，从需要出发，去思考问题、探索问题，去寻找新的方法、新的答案、新的结论。

因此，要想让孩子有创造力，就不能束缚孩子的思想，就不能限制孩子自由思考的权利。

要促进灵感的产生，就必须多用脑，因为人的认识能力，是在用脑的过程中得到锻炼从而不断提高的。所谓多用脑，不是指不休息地连续用脑，而是要把人脑的创新潜能充分地发挥出来。爱因斯坦对为他写传记的作家塞利希说："我没有什么特别才能，不过喜欢寻根究底地追求问题罢了。"在这个寻根究底的过程中，最常用的方法就是自由思考。他深有体会地说："学习知识要善于思考、思考、再思考，我就是靠这个学习方法成为科学家的。"

"数字化教父"尼葛洛·庞蒂说："我不做具体研究工作，只是在思考。"

从这些名言中我们不难得出这样一条道理：自由思考是一个人成功的最重要、最基本的心理品质。所以，养成自由思考的习惯，是要成大事的人必备的条件。

自由思考的能力是一个孩子走向成功最重要的品质，也是成功人士的必备素质。所以妈妈不能对孩子进行墨守成规式的灌输，而是要针对孩子日常碰到的一些问题帮助他思考，启发他通过思考了解周围的复杂的世界。

妈妈不仅提倡让孩子自由思考，还要鼓励孩子大胆联想，思想越"疯狂"越好，提出的设想越多越好。西方古谚云："世上有5%的人主动思考，5%的人自认为在思考，5%的人被迫进行思考，而其余的人一生都讨厌思考。"这在某种程度上揭示了能进行主动、独立的思考并不容易。

此外，在学习的过程中要用发现的态度去学习，在有了自己的独立发现后，再与书上的发现进行比较。这种方法由美国心理学家布鲁纳首创，对培养人的自由思考能力有实际的效果。它有利于人们自己发现问题，扩展知识，从而推进创造活动。

毫无疑问，成大事者都是自由思考、具有创造性的人。为什么？因为自由思考可以引导成功。

善于思考是创新的首要条件，而善于创新又是财富的重要来源，所以财富是想来的。一个善于思考问题的人，他的生活和工作将变得更加丰富多彩。一个具有自由思考能力的人，一个具有创造性的人，也定会是个成功的人。有志成功的人，应该有着自由思考的习惯；尤其是要成大事的人，只有养成了自由思考的习惯，才能在风风雨雨的事业之路上独创天下。

所以，妈妈让孩子从小拥有自由思考的空间，即是让孩子拥有了创造性思维，拥有了成大事的可能！

● 只做军师，不当老大

国际象棋大师谢军的脱颖而出，与她的母亲尊重孩子的选择有密不可分的联系。

有一年，谢军面临着要么去棋队，要么继续上学放弃下棋的抉择。她想上学更想去下棋，因为只有她自己知道，只要往棋盘前一坐，她就会无比地畅快、兴奋。而妈妈，这位毕业于清华大学自控系的电子工程师，为独生女儿考虑更多的是她的学业和前途。作为一个有文化素养的妈妈，既不愿因家长干预断送一个确有天赋的棋手，也不愿女儿为此耽误一生。

于是，母女间进行了一次很严肃的交谈，那时谢军才12岁。"你很喜欢下棋，对吗？"小谢军看着妈妈，从没见妈妈这么严肃过，有点儿害怕，但依然点点头。"那好，不过你要记住，下棋这条路是你自己选择的，既然你选择了下棋，今后，就要对自己负责任！"

试想，如果当年妈妈硬逼着谢军读书，压制她对国际象棋的爱好，那么，现在谢军也许会坐在大学的教室里，而我国就会少了一位出色的棋手。

家庭的教养方式对孩子的影响很大。家庭教养方式主要有六种类型，即溺爱型、否定型、民主型、过分保护型、放任型、干涉型。其中，民主型家庭教养方式和否定型家庭教养方式对子女的自信心影响最大。一般来说，在民主型家庭中，妈妈是孩子的朋友，她们经常和孩子商量事情，尊重孩子的想法和意见，经常给孩子表扬和鼓励。所以，孩子的自我接纳程度较高，相应的自信心、自尊感和成就欲望较强。而生活在否定型家庭中的孩子，妈妈经常打骂、批评孩子，对孩子的责罚多于赞扬，因此，孩子们的自信心相对较差，他们往往不相信自己的能力，总是甘居下游，对未来担忧，对前途充满恐惧。

谢军即是生活在民主型的家庭里，妈妈给她意见，同时也尊重她的想法，让她自己做决定，正是因为有这样一个"只做军师，不当老大"的妈妈，谢军才有了今天的成就。所以，妈妈们应该向谢军妈妈学习，学会尊重孩子，做事经常考虑孩子的想法和意愿，不把孩子当成"附属品"，而当成"独立人"看待。遇事和子女商量、沟通，多对孩子说"这件事爸爸妈妈想听听你的意思"，"孩子，这是个严重的问题，咱们商量一下看怎么解决好"这一类商量的话。受到这样的"邀请",孩子会非常开心。他在家中的地位得到了体现,他从妈妈的重视中感受到了一份尊重,也不再觉得妈妈高高在上,反而有种亲近感。

商量的魅力在于,能使家庭关系变得和谐。商量,能使孩子得到大人的尊重,从而使孩子懂得尊重别人,并学会用商量的办法去对待妈妈和他人,避免冲突和对抗;商量,能使孩子学会从别人的角度来观察事情,思考问题,学会民主和平等、尊重和友谊。

妈妈在涉及孩子的问题上,尤其要和孩子商量,听一听孩子的意见,比如给孩子选什么才艺班、怎样花好零花钱、什么时间看电视、暑假时间怎么安排,怎么玩、去哪玩等,这些都关系到孩子生活能力、兴趣和爱好等的培养。如果不和孩子商量,独断专行,孩子就容易产生逆反心理,或对学习丧失兴趣。

妈妈希望孩子"怎么做",或"不要怎么做"时,都不宜采取强制方式。因为强制的结果,要么造成孩子被动心理和懦弱性格,遇事没有主见;要么使孩子产生逆反心理,脾气更犟,说什么都不听。例如,当孩子看电视或读小说正十分起劲而忘了已经到学习的时间,或知道该学习了,但不想停下来时,一般不宜立即强制孩子停下来,马上去学习;更不能采取夺下小说,关掉电视等"强硬"的行为。因为若这样做,要么孩子不愿意,和父母顶撞争吵,要么即使勉勉强强坐在了书桌旁,也不会专心。结果,既破坏了孩子的兴致,也没有使孩子安下心来学习。使孩子整个晚上烦躁气恼,一无所获,甚至到第二天情绪尚难平静。

而没有好的情绪，不可能有好的效率，这样下去只能是一事无成。其实在这种情况下你只需要轻轻提醒一句"该停了"，或"到学习时间了"，无须多说，随后就走开去办你自己的事，给孩子留下"自觉"的机会。往后，你越是相信他，他也就越是会遵守自己的承诺，会按时停下其他活动，及时地坐下来专心学习。

在此之后，明智的妈妈若想彻底改变孩子的不良习性及给予适当建议时，可以找个适当的时间和机会（例如在散步时），在轻松愉快的气氛下，给他讲明道理。说明一味凭兴趣，总任着性子干，成不了大事。建议孩子以后一定要以理智和意志支配自己的行动。这时孩子一般能愉快地表达"以后到时间，就去学习"的承诺。

多听听孩子的想法，不要剥夺孩子成长的空间

物质生活条件越来越好的今天，不少孩子的成长却出现了"三大三小"现象，即生活的空间越来越大，生长的空间越来越小；房屋的空间越来越大，心灵的空间越来越小；外界的压力越来越大，内在的动力越来越小。这些奇怪的现象，应该引起妈妈的注意，给孩子自由的成长空间，不是一句空话！

妈妈们纷纷感慨："现在的孩子真是不听话，补习班昨天又没上""孩子们越来越不好教育了""电视上的那些学习机，对我们

家孩子不管用"……

真的是孩子们越来越难教了吗？还是我们的教育方式出现了问题？

程君今年 7 岁了，刚读小学一年级。

一次，程君在姨妈家认识了一个新朋友玲玲，她比自己小半岁，但是已经学习舞蹈 3 年了。玲玲在家长的鼓励下表演了一段拉丁舞，这下刺激了程君妈妈的神经。

"我们的女儿成天像个男孩子，和小区的孩子们打打杀杀，不成样子。我看见老马家的女儿去学舞蹈了，跳得很有气质，不然我们也送女儿去学习？"

和爸爸商量之后，妈妈马上就给程君报了舞蹈课。

但是天生好动的程君根本不听老师的指挥，不仅上课讲话，学习也不专心。不到两周，程君就说什么也不上辅导班了，妈妈在家里急得直跺脚，但眼前的"假小子"一点改观都没有。

妈妈将程君送进学校，本来是想早点培养女儿的气质，但孩子就这样被糊里糊涂送进了培训班，属于自己的课余生活突然被打乱了，因而学习的积极性不高，妈妈想要达到的效果也完全不能达到。

程君现在正是好动的年纪，要让她安静下来，除非把她的注意力集中起来，寓学于乐。而不考虑孩子的兴趣，盲目地将孩子送进培训班，并不能解决问题。

送孩子上培训班是如今的妈妈为孩子安排课余生活的首选。

的确，很多孩子从课余班上学到了知识，但孩子的心灵却没有因此而变得成熟丰盈，到头来心灵还是没有得到足够的发展空间。

许多妈妈将培养孩子的重点放在增长知识上，为了让孩子学习，妈妈们不惜节衣缩食，尽一切力量来改善孩子的学习环境。

妈妈纯粹的爱是什么？其实非常简单，如果你真的想要孩子成长和学习，就给他／她空间，让他／她朝着健康、能干和情绪稳定的方向发展，这才是爱的真正意味。

但是妈妈现在的情况是，以管教和约束等方式来养育子女，这与爱的本意背道而驰。

薇薇今年高考，成绩还不错，可以挑一所重点大学。

这本来是皆大欢喜的事情，但是她整个暑假都过得不开心。原来，一家人在填报专业上发生了很大的分歧：薇薇想学自己感兴趣的教育学，但是父母总觉得新闻专业更适合女儿，他们希望她成为一名记者，于是坚决主张薇薇报新闻专业。

"这是你的人生大事，爸爸妈妈有经验，你就听我们的，我们绝对不会害你。"妈妈开导薇薇。

"正是因为这是我的人生大事，我才一定要坚持学自己喜欢的专业。你们总是说我没有经验，但是你们给我锻炼的机会了吗？从小到大，哪一次不是你们决定的，这一次我绝对不让步！"

最终，薇薇还是没能拗过家长，双方各做让步之后，薇薇报了一所离家最远的大学的新闻专业。

薇薇的反问值得妈妈深思。很多时候，妈妈都是因为"为了孩子好"这个想法，剥夺了孩子成长应有的空间，让孩子在父母设计的世界里成长。

给孩子一个成长的自由空间，是现代教育家们共同呼吁的一项理念，这其中就有著名教育家蒙台梭利。蒙台梭利将"自由教育"列入自己的基本理念，称这样的教育方法是"以自由为基础的教育法"。

正如蒙台梭利所主张的，让孩子拥有自由，首先是让他们领悟到纪律和秩序的重要性。怎样让孩子区别好坏，唯有说教显然是达不到目的的。

让孩子有自由成长的空间，让他有自己的想法和选择，是妈妈对孩子人生的负责。为了孩子健康成长，再疼爱孩子的妈妈也要学会说："这是你自己的事，你自己决定就好了。"

● 支持孩子做自己喜欢做的事，而不是妈妈喜欢的事

刘丽是一名数学老师，但是她从来不要求自己的孩子学好数学，而是鼓励孩子花更多的时间用在自己感兴趣的事情上。刘丽的大女儿喜欢看小说，于是刘丽每周都会到书店挑选有意思但是也很有教育意义的书给她看，现在她的大女儿已经看了上千本书，而且语文成绩总是满分。刘丽的小女儿喜欢画画，于是刘丽就手把手教她如何用电脑绘图上色，并且把画出来的作品印成彩

色的明信片，作为礼物送给亲友。现在她的小女儿获得了很多画画比赛的奖项，成为学校的美术明星。

如果每个妈妈都能像刘丽一样支持孩子做自己喜欢做的事，也许这个社会就会多很多各行各业的能人。每个孩子自身都有着巨大潜能，但很多都在妈妈的压制下没有发挥出来。诚然，帮助孩子发展一项爱好是很好，但是一定要考虑到孩子的感受，如果他并不愿意去学，那么这些课程对他来讲就是很折磨人的一件事情了。

每个人都是不尽相同的，唯有找到自己的兴趣，发挥自己的潜力，才能做出最好的成就。不要相信一个孩子成才是通过某种公式复制出来的，每个孩子独特的优点就是成功的源泉。

一个人的快乐和他是否能做他有兴趣的事情是有相当大的关系的。美国曾经对1500名商学院的学生进行了长达20年的追踪研究，得出结论：追随自己的兴趣并不断地挖掘自身潜力，这样的人不但更容易快乐，而且更容易得到财富和名利的眷顾。因为他们所做的事正是自己真正喜欢的事情，他们会更加有动力、有激情将事情做到完美的状态。即便是他们不能从这件事情中获取财富和名利，也会从中获得终生的幸福和快乐。

所以，妈妈一定要支持孩子干他最喜欢做的事情，当孩子按照自己的意愿去尝试着做一件事情的时候，他会想着尽力做到最好最出色，也最容易真切地体会到自己的才干。如果作为妈妈，我们也不了解孩子的兴趣点究竟在哪方面，可以让孩子先针对一项课程尽力学3个月，然后再让他自己决定是否愿意去学。作为妈妈，这时我们要给孩子自主选择的权利，然后帮助他们朝着兴趣方向去发展。

每个孩子身上都具有巨大的潜能，当孩子按照自己的意愿尝试着做一件事情的时候，总会想着尽力去做好，做成功。孩子在自主奋斗的过程中，才华和潜能也可以得到淋漓尽致的发挥。相信每一个孩子都能成功，关键在于妈妈要帮助孩子找到自己的最佳才能区。只有找到了最佳才能区，孩子的才能就可以发挥到最大。作为妈妈，我们不可以对孩子的兴趣横加干涉，也不能区分对待，不要因为孩子的爱好是弹钢琴就热烈支持，而孩子喜欢美容美发就强烈反对。因为即使在平凡的服务行业中照样也能培养出身手不凡的能工巧匠，如饮食行业中的名厨、美容美发中的名师、服装行业中的设计师等。他们都以自身成才的成长经历表明：发展自己的兴趣，早晚有一天会成为同行业的佼佼者，成为一个对社会有用的人。

成功是让孩子做他喜欢的事情，而不是做你喜欢的事情。每个人的路都只能是自己去走，谁也代替不了，妈妈也不例外。

● 让孩子在跟他们有关的事情上有发言机会

在餐厅点菜、买衣服、买鞋帽时，让孩子从小就有发言和选择的机会。妈妈不要一味地把自己的意志强加给孩子："这个味道不错，吃这个吧！""这个更可爱！""这件很适合你，买这件吧！"这样，孩子会逐渐失去自己的主见。

妈妈担心孩子会做出一些不正确的事情，因此有意无意地把自己的思维强加给孩子。妈妈当然是为自己的孩子好，但他们的这种做法往往得不到孩子的认同和理解。倔犟的孩子会在这个问题上和妈妈争辩，相对软弱的孩子往往一言不发，却在心底里产生抵触情绪，对妈妈的安排毫无热情可言。

还有一些妈妈往往会不自觉地把自己年轻时没能实现的理想寄托在孩子的身上，希望孩子能够帮助自己实现。如果这一愿望与孩子自己的愿望相同，那么这种寄托就会成为督促孩子奋斗的动力。但如果这种寄托并不符合孩子的愿望（这种情况更容易出现），妈妈的这种寄托就会成为孩子成长的负累。如果妈妈无视孩子的愿望，将这一寄托强加在孩子身上，那就有可能毁了孩子的一生。

一位中考刚结束的学生，在选择高中学校时，与妈妈产生了分歧。爸爸妈妈是知识分子，希望自己的孩子将来也能像自己一样当个教授或医生什么的，因此他们坚持让孩子上高中。但儿子酷爱艺术，想考音乐学院。最后妈妈占了上风，私自给他在一所高中报了名。妈妈以为给孩子报了名，孩子就会死心，乖乖地在学校念书。然而事情并不像他们想的那样，在上学期间，儿子经常逃课，深夜与其他同学一起翻出学校围墙到网吧上网，最后被学校开除了。

被学校开除后，孩子显得很高兴。有人问他为什么被开除了还高兴，这个孩子说道："我根本不喜欢这所学校，我想上音乐学院，可妈妈坚决反对，我只好逃课、上网借此消磨时光。现在我被开除了，他们就得把我送到音乐学院了。"

这个故事对我们的家庭教育有什么启发作用呢？作为妈妈又应该从中悟出些什么呢？

其实，道理很简单，那就是在家庭教育中，孩子的事情让他自己决定，妈妈只提出参考意见，即不要让孩子一味地跟从妈妈的决定，应让孩子用自己的意志取舍或选择事物，令其有自我决定的机会，并在决定事物的过程中，培养出肩负责任的自主性与积极性。另外，独立性与自律性，也可从中培养。

作为父亲，美国前总统西奥多·罗斯福曾写信给自己的儿子小西奥多，信的大概内容是：

在你做决定的时候，最好的情况是你选择了正确的决定，其次是作出了错误的决定，最差的就是你什么决定都没做。我们每个人都是独立的个体，所以做人要独立，要敢于作出决定。即使失败了，也没关系，因为你已经能做自己的主人了。记住：只要学会独立，总有一天你会取得成功的！

让孩子学会如何做决定。当然，在培养孩子做主的能力时，也应注意：

第一，不要给孩子太多的选择，如问："你想穿什么颜色的毛衣？"孩子可能会提出家中没有的东西，若妈妈不能顺从时，反而会使孩子对妈妈失去信任。而应该问："你想穿这件绿毛衣，还是那件红毛衣？"

第二，不能让孩子选择有害、不安全的事，因为孩子不清楚什么有危险。例如，冬天一定要穿棉衣，这没有选择余地，必须执行，但可给些其他的选择："这棉衣由爸爸给你穿，还是妈妈帮你穿？"而不能问："要不要穿棉衣？"

第三，孩子做决定时，不要给很大压力。如果孩子的决定不太合理、恰当，大人可给些提醒。如果孩子作决定后，遇到挫折，产生了失败感，妈妈也要给予帮助。孩子作决定的机会不可太多，以免给他太大压力。

第四，根据孩子的愿望，运用大人的经验和知识，帮助孩子做一些决定。这是大人与小孩共同做出的决定，是帮助孩子做决定的好方式。如"要下雨了，在图书馆里避雨比操场上好些"，这是大人进入孩子的选择中去。在判断正确与错误的选择时可说："我们已答应某某去展览馆，不遵守诺言是错误的。"应该让孩子知道做决定就是要其负责任。

让孩子知道，只要尽力而为做出比较合适的决定就可以了，不一定要十全十美。但如果强调可以随意做决定，可犯错误，孩子就会随随便便地做决定。应该让他知道做决定的后果，从而不断学习，不断提高判断能力。如果小孩坚持穿裙子去操场玩，结果不小心弄破了皮肤，你不应说，"瞧，我叫你穿裤子对吗"，而应说，"你想一想，如果我们下次再来操场玩，我们怎么保护好自己呢"。随着孩子长大，经验增多，做决定的能力与技巧会渐渐提高。

　　所以，妈妈提高孩子责任感的另一方面，就是让孩子在跟自己有关的事情上有发言权。

第六章

让孩子到人群中去，
从小锻炼社交能力

离不开父母的孩子交不到朋友

孩子害怕与人交往？

不敢与陌生人说话？

孩子没有朋友？

孩子不愿意到人多热闹的场合玩耍？

社交是生活中人人不可缺少的活动，但有的孩子怕见生人，甚至与熟人谈话时都感到紧张和脸红，不愿去人多的场合，有时会口齿不清、口吃、不敢抬头看人。严重时，在与人交往中孩子还会出现惶恐不安，出汗、心跳加快、手足无措等现象，孩子的这些行为是否让妈妈感到非常烦恼？其实这些现象在心理学中被称之为"社交恐惧"。

凯凯今年 4 岁了，原来一直都是爸爸妈妈带他，后来随着工作日渐繁忙，照顾孩子的时间也越来越少，于是爸爸妈妈将他送到了幼儿园，想让他适应一下集体生活。

没想到几周后，幼儿园老师打电话来，告诉凯凯的父母，说他们的孩子可能有社交恐惧症，建议进行心理辅导。爸爸妈妈很是诧异，每天上下学接送，凯凯一看见父母就笑逐颜开，回家也不停地说在幼儿园学到了什么新东西，没看出任何异常。

于是爸爸决定请一天假，到幼儿园看个究竟。

在老师的陪同下，爸爸来到了凯凯的班级，躲在窗外观察。他发现，无论是上课还是自由活动，凯凯总是一个人躲在小朋友们的后面。老师上课提问叫到他，他低着头、红着脸，不知道嗫嗫嚅嚅地在说什么；自由活动时，大部分小朋友都聚在一起玩，但凯凯却一个人搬着小板凳在边上独自玩积木。

同时，父母注意到，晚上带凯凯散步，见到同院的叔叔阿姨，他从来不叫，要么装没看见，要么死命地拽着妈妈的衣角，往身后躲。而且也不常和同院的小朋友一起玩耍，有时候妈妈把他送去楼下的儿童乐园，让他和别的小朋友一起玩，不一会儿，他就自己回家了。

其实，这样的现象在许多孩子身上都很常见。心理学家告诉我们，孩子由于缺乏独立生存能力和社交经验，在离开父母，独自面对陌生人的时候，会产生焦虑。随着和陌生人交往次数的增加，焦虑逐渐降低，最终会成为"熟人"。但如果长时间、反复出现持续的焦虑情绪和回避行为，就有社交恐惧症的嫌疑了。这样的孩子常常被某些家长误认为老实、听话、不顽皮。其实，社交恐惧是孩子自卑的一种外部表现，这时候孩子的心理已经出现了一定的问题。

而孩子社交恐惧的根源其实在于妈妈。因为这些孩子生活中常受到妈妈的批评，有时只是因为一个小小的过错而遭到妈妈过分严厉的训斥，甚至受体罚，有时则因为妈妈情绪不好而毫无道理地发泄到孩子身上。孩子在这种环境中，便产生惧怕心理，孩子甚至不能辨别该做什么，该说什么，什么是对的，什么是不对的。

孩子大多数时间生活在恐惧和焦虑之中，他们从妈妈的行为中得出这样一个结论：自己很无能，总是做错事，是个一无是处的孩子。这类孩子长大后，可能会有程度不等的社交恐惧倾向，严重者会成为社交恐惧症患者，变得内向、孤独，人也会变得消极、悲观。无法正常结交朋友，无法建立稳定的人际关系。

细心的妈妈可能会发现，具有社交恐惧症的孩子会非常依赖妈妈，出门时和妈妈几乎是寸步不离，其实这是一种典型的人际依赖心理。在心理学中，依赖是心理断乳期的最大障碍。当孩子进入青春期后，他已经具备了一定的独立意识，但对别人的依赖仍常常困扰着他。随着身心的发展，他要面对的问题、承担的责任将越来越多。有些孩子感到胆怯，于是他们讨厌成长，这样容易失去自我，遇到问题时，时常祈求他人的帮助，往往人云亦云，优柔寡断，丧失自我主宰的权利，无法形成自己独立的人格。

心理学家指出，孩子的依赖心理如果长时间得不到纠正，发展下去有可能形成依赖型人格障碍，出现恐惧、焦虑、担心、缺乏安全感等一些负面情绪，会严重影响孩子的人际交往，所以说离不开父母的孩子交不到朋友。

把孩子"赶"出门，别让孩子宅在家

现在的孩子和朋友打趣时经常这样形容自己："我是个标准的宅人哦！"

随着网络的发展，"宅人"已经不是一个新鲜名词，它正在成为很多孩子的生活方式。

寒假快开始时，朱妈妈就已经为上小学五年级的女儿安排好了假期生活："每天早晨 8 点钟起床吃早饭，然后做两个小时的寒假作业，完成作业后可以看一个小时的电视。午饭我会提前做好，到时候你自己用微波炉热一下，饭后睡一个小时，下午 2 点半开始练书法、绘画，5 点以后在家自由活动。"

看着这密密麻麻的日程表，女儿芸芸却没有任何怨言。"其实，我都习惯妈妈的安排了，每个假期基本都是这样度过的，而且在家比上培训班舒服，不要那么赶着去上课。"芸芸天真地说道，她很喜欢爸爸妈妈上班后，自己一人在家的感觉。

为什么不给孩子安排一些室外活动呢？朱妈妈解释道："家里没有老人带孩子，她自己出去我不放心，万一出现安全问题可就麻烦了。"

这些孩子每天除了吃饭、睡觉，就是窝在家里看电视、上网，暑假期间，不少孩子长时间"宅"在家里，让妈妈很是发愁。心理专家提醒妈妈们，孩子"宅"在家里是一种很危险的趋势，这不仅影响孩子身体发育，还容易让孩子变得孤僻，形成交往障碍，甚至发展成孤独症。

妈妈可以仔细观察自己的孩子有没有这样的症状：每天长时间看电视；不关心周围事物，也不喜欢接触小朋友；看电视、打游戏不让别人干扰，模仿电视、游戏中人物的动作、语言，文不对题地应用于日常生活中，自言自语等反常行为，当孩子出现这些症状时，妈妈们要注意了，这都是孤独症的前兆。

但是现在很多妈妈并没有意识到"宅"对于孩子的伤害。这些妈妈觉得，宅人似乎没什么不一样的，唯一不同的就是他们的生活被锁定在家这个地方。心理学家通过调查发现，宅人们喜欢的事情似乎大部分都是静态的，即只需要坐着或躺着就可以完成。他们不太喜欢运动，也很依赖电脑。宅人不缺少娱乐，不缺少朋友，他们还可以通过网络了解外面的世界。可是，心理学家又指出："适应压力，无论是人际交往的压力，还是工作生活中遇到的困难都是促使个人发展的条件。"孩子过度依赖家带来的松弛感，有可能造成责任感的缺失和抗压能力越来越差。

所以，为了孩子的未来，做妈妈的千万要把孩子"赶"出门，帮助孩子尽早"脱宅"。让他们早一点在现实生活中结识伙伴，让他们积极面对生活中的压力，让他们早一些掌握与人交往的能力。试想整天宅在家的孩子怎么会有朋友呢？

友谊是创业的基础，朋友是事业的财富。在这个世界上，没有什么比真正的友谊，可以给我们更多的鼓励。如果生活中没有友谊，就像地球上失去了太阳一样，因为太阳是大自然赐予我们最好的礼物，而友谊则可以给我们带来最大的快乐。

"在生活中，我们最需要的就是这样一些朋友。"爱默生说，"他们可以使人们竭尽所能，尽力而为。这是一个朋友的责任。与他们在一起我们觉得自己很伟大。他们有着极大的吸引力；他们在我们面前开启了一扇生活之门，无论什么问题，在他们那里都能得到透彻的解答，哪怕是只言片语，也可以提高我们的理解力。交一个真正的朋友，可以激发我们的潜能，就像他把自己的力量输送给我一样，使我充分开发自己的力量。"

综上所述，孩子小时候，妈妈应该鼓励孩子找一些好伙伴，假期里，几个人可以结伴玩些户外游戏，避免长时间独自待在家中。周末，妈妈可以将孩子"赶出家门"，让他去找自己的好朋友玩耍或在一起写作业。在与他人的交往互动中，逐步完善自己。或者根据孩子意愿，报一些活动兴趣班，学东西在次要，关键是让孩子能继续和同伴在一起玩闹、学习。

● 礼貌待人是孩子的通行证

心理学家告诉我们，一个孩子的形象是一封无字的介绍信。人们通过孩子的语言、行为、仪表，就能判断出他是一个什么样的人。

如果有人问："你会说话吗？"

孩子一定会说："说话谁不会，张口就来呀！"

其实不然，说话的学问大着呢。一个人所说的话总是和他的人品和修养联系在一起的，优美的语言首先建立在尊敬他人的基础上。如果孩子想成为一个高尚的、受欢迎的人，请先学会说文明礼貌三句话——"您好！""谢谢！""对不起！"

孩子学会待人有礼，不仅给人很好的印象，还能帮助化解尴尬，就像下面这个小故事：

有一次，英国王室在伦敦举行盛大晚宴，招待印度客人，此时，还是王子的温莎公爵主持了这次宴会。

宴会在非常友好的气氛中进行着，达官贵人们觥筹交错，相谈甚欢。就在宴会即将结束的时候，发生了一件意想不到的事情，使整个宴会被尴尬的氛围笼罩着。按照当时宴会的程序，侍者在晚宴即将结束的时候为每一位来宾端来了洗手水，印度客人看到那精巧的银制器皿，以为里面盛着的亮晶晶的水是用来饮用的，于是端起洗手水一饮而尽。当时，作陪的英国贵族个个目瞪口呆，不知如何是好，大家纷纷把目光投向主持人。

这时，只见温莎公爵神色自若，一边与客人谈笑风生，一边端起自己面前的洗手水，像客人那样自然而得体地一饮而尽，接着大家也纷纷效仿。原本即将要扩散的难堪与尴尬气氛，在瞬间消逝无形，宴会在一片欢乐声中取得了圆满的成功。

温莎公爵在这次宴会中的举动，无疑是一种礼貌的表现。他的这种行为，不仅表达了对客人的尊重，而且使这次宴会非常完美，没有留下任何的遗憾。

在日常生活中，妈妈也应该让孩子懂得多多从别人的立场出发来体谅别人，懂得人情世故，会待人接物。因此，妈妈应该坚持对孩子进行礼仪教育，并不断强化他们言行方面礼仪习惯的培养和训练，使他们养成良好的礼仪习惯，懂得对别人尊重，懂得谦恭礼让，懂得使人际关系融洽和谐。

比如妈妈可以教导孩子美好的一天从亲切热情的问候开始。早上起床后孩子的第一件事可以是向爷爷、奶奶、父母问一声"早上好！"，这亲切的问候传递着孩子对长辈的尊敬和爱，营造出温馨的家庭气氛。

到学校，孩子见到老师、同学，面带微笑地说一声"老师，您好！"，"××同学，你好！"。人活在世上，没有不出错的，出了错，应该懂得道歉，"对不起！""请原谅！"。向人道歉，就是承认自己的言谈举止或某些做法不妥，并把愧疚的心情传达给对方，请求对方原谅。打扰了对方，给对方带来了不方便，或做错了事，如果孩子说一声"对不起"，"请原谅"，就会修补自己已经受到损坏的形象。

心理学家指出，在这些简单自然的问候中，不知不觉地塑造着孩子在别人心目中的良好形象，培植着孩子与别人之间的友谊，礼貌待人也就成为孩子进行人际交往的推荐信。

不过，虽然如此，很多妈妈还是非常烦恼："我不知道为什么孩子会这么没礼貌，这不是我想要的结果。"

其实要弄明白这个问题很简单，心理学家为我们举了这样的例子，就像见到一个已经结婚的邋遢男人，人们会想到他家里的邋遢妻子一样，见到满口脏话的孩子，人们就会想到他粗鲁的父母，因为一个孩子是否有礼貌与他的智商没有多大的关系，主要是后天教育的结果。孩子不懂得如何做一个有礼貌的人，很大程度上是因为妈妈根本没有告诉孩子为什么要和别人说"谢谢"和"对不起"，小孩子也根本不理解"谢谢"和"对不起"应该具有的心理意义。所以，这样教育出来的小孩，当和别人说"谢谢"和"对不起"的时候，总会让别人觉得很假，因为他们根本不能表达出"谢谢"和"对不起"应该有的情绪。

相反，那些懂得礼貌的妈妈会告诉孩子，说礼貌用语时，为什么会这样。她们的语气也大多是平和的，即使当孩子做错了，也会用理性和平静的口吻告诉孩子应该怎样做。比如，当她们的小孩子收到了别人的礼物，她们会告诉小孩："这些礼物是别人为了表达喜爱你，才送给你的。"这样小孩子就会用很真诚的情绪，回馈送给自己礼物的人："谢谢，您真是太好了！"甚至还会主动去拥抱送给自己礼物的那个人。其实，与礼物比较来看，对方的喜爱更让小孩子高兴一些。

所以，如果妈妈想让自己的小孩变得礼貌起来，就让自己变得温柔理智一些，要知道，这是礼貌教育最基本的方面。

把"半生不熟"的人变成好朋友

心理学家指出，我们所生活的社会，所有的活动、交易、成就，都要从人与人的接触中产生。别人供给你所需，你肯定也要贡献，甚至我们存在的价值，都是建立在他人的认可之上的。所以，认识的人越多，交际越广，公共关系越好，成功的概率就越高。

歌德说："人不能孤独地生活，他需要社会。"与人相处的能力，其实也是孩子的一项综合能力，它既包括语言表达能力，也包括行为能力，二者缺一不可。良好的人际关系，不仅能给人生带来快乐，而且能助人走向成功。因此，社交能力是人类生存的重要能力，这一点，应当引起妈妈足够的重视。但由于现在的独生子女生活于小家庭之中，虽然能够受到良好的教育，却孤独而不善交往。

张明是刚刚升上初一的小男孩，他通常见了生人不怎么说话，即使别人主动跟他打招呼，他都不搭理人家。可是见了熟人就会滔滔不绝地交谈开来，经常是说起话来都忘了时间。

不仅如此，他对那些初次见面或不熟悉的同学很冷漠，比如，刚转来这个班的李璐问他数学题，他连理都不理，而熟识的同学问同样的问题，他就热心地给予解答。离他座位较远的文博向他借一本好看的连环画时，他坚决不借。

张明的一个好朋友乐乐非常讨厌女生丫丫，还总是欺负她。张明知道这件事后，不但不去劝说阻拦，还"助纣为虐"，在放学的路上打丫丫，以至于被人家家长找到家里……

张明对于那些"半生不熟"的人，做了很多"过分"的事情。但这些老师并不知道，初一下学期调座位时，老师无意中把那些"半生不熟"的人都调到了他旁边，这样周围的小孩整天在一起玩耍，学习上也是互相帮助，可没人愿意理张明。以至于最后他成了"孤家寡人"。

现实中很多小孩都出现过类似张明的情况，他们不愿意去面对新的环境和一些新的朋友，结果最后别人也不愿理会他们。孩子在人际交往和认知过程中，往往存在一种倾向，即对于自己熟悉或与自己存在着某些共同之处的人容易接近。并把这些人视为"自己人"，积极地进行交往。而把那些不熟悉，没有什么共同点的人看作"生人"，不想理会或有一定的反感情绪。

这些孩子其实还不懂得，在生活中人会不可避免地要同形形色色的人打交道。只有处理好同各种人的关系，才可为事业的成功开拓宽广的道路。只认"熟人"，不认"半生不熟"的人，难免会使人在以后的路上处处碰壁，扩展熟人链，其实是一条成功的捷径。

一些从小很有才华的孩子，就因为"不合群"，长大以后，一直"怀才不遇"，自感"英雄无用武之地"，不仅才华得不到发挥，而且一生总是"不顺"；一些很善于处理人际关系的人，反而受到大家的欢迎，才能得到充分的发挥，自己也感到很快乐。任何人都不会喜欢性情乖戾、忧郁的人，人人都喜欢与快乐而热情洋溢的人在一起。

心理学家斯坦利·米尔格拉姆曾提出过这样一个理论：世界上任何两个人只要通过五六站中间关系，就可以属于一个共同的熟人圈。你可能会觉得这种提法不可思议，但不可否认，通过熟人的熟人的熟人介绍，"自己人"的圈子会迅速庞大起来。心理学家分析，如果随意挑出两个人来，例如：张明和李璐，那么，他们相识的可能性只有二十万分之一。但是张明认识某人，某人又认识另一个人，另一人又认识李璐，这种可能性却要多达一半以上。这就是社会心理学中所谓"熟人链效应"。这条"熟人链"无始无终，社会生活中的每一个人，都是这"熟人链"上的一环。

孩子们之间的交往也是如此。他们认识的人越多，熟人链就会越牢固，这无疑是以后人生中的一笔牢靠的财富。因此妈妈既要尊重孩子现在的朋友，又要鼓励孩子从那些"半生不熟"的人身上寻找共同点，或者去欣赏那些人身上独特的个性魅力，"以人之长，补己之短"，最终将这些"半生不熟"的人纳入"自己人"的行列。

● 训练勇气，让孩子在社交场合不退缩

在我们的身边，有很多害羞的孩子，他们不愿意主动与人交流，不愿意在公共场合出现。其实，不是他们不想，只是害羞的

心理在左右着他们，让他们无法逾越这个障碍。

其实，从某种意义上说，害羞本身并不是一个问题，但是当孩子的害羞程度达到让他们无法参与到集体活动中时，害羞就会阻碍孩子交朋友、有碍学习进步和自尊心的确立，也会降低他们的心理适应能力。

好不容易盼到了周末，蓓蓓很开心，因为妈妈答应这周带她去游乐园玩儿。周六早晨，蓓蓓一改往常周末赖床的坏毛病，不到八点就起床了。并且麻利地洗漱完毕，吃完早饭，就和爸爸妈妈一起出发了。

游乐园里人可真多啊，各个游戏场所前的售票口都排起了长队。爸爸去排队买票，蓓蓓就和妈妈在一旁等着。正巧，妈妈的同事也带儿子来游乐园："哟，蓓蓓都长这么高了，也越来越漂亮了。"妈妈的同事边说边准备把蓓蓓拉到自己怀里，谁知蓓蓓却一下子躲到了妈妈的身后。

"来，蓓蓓，跟阿姨和弟弟问声好。"妈妈边说边拉了拉蓓蓓。

可蓓蓓紧紧拽着妈妈的后衣角，死活不肯出来。

"这孩子，就是害羞，怕见生人，一见到生人就躲，其实她平时在家话可多呢。"妈妈有点尴尬。

两个人又寒暄了几句，便各自走开了。这时候，蓓蓓才从妈妈的身后出来。妈妈不明白："孩子都初二了，怎么还这么害羞呢？跟人说句话有什么好怕的呀？"

经过研究，心理学家发现孩子没有勇气在社交场合进行必要的交谈，其实是自信心不足的表现。一般来说，缺乏自信心的孩子有以下几种表现：害怕去面对新的事物。认为自己缺乏能力，总是害怕失败，给自己造成沉重的心理重负；当有人提问时，常低头不语，害怕面对别人的关注，总想躲开别人的注意；总是过分依赖熟悉的成人，不敢独自去面对事情，缺乏独立生活能力；对自己特别挑剔，不满意自己的行为结果；很难与伙伴建立友好关系，表现得很孤独。

从这些表现我们可以看到，缺乏自信心对孩子的成长是极为不利的，它往往使得一个原本颇具才华，极有希望实现梦想的孩子因怯懦退缩没有正常的人际交往而得不到良好发展。这通常是因为孩子小时候遭受的打击造成的。孩子对自己的认识总是以他人为镜，需要通过与他人进行比较，把自己的形象反射出来而加以认识。孩子在交往过程中，往往以同龄人为参照系，吸取更多的信息，更清楚地确定自我形象。

如果孩子小时候本来想在众人面前表演一首歌。可没想到，他看到这么多人时，却忘了歌词，这使他尴尬之极。从那以后，他变得不敢当众讲话了。

有一个叫于博的小孩经常去邻居家玩，可有一次他无意中听到邻居孟然的妈妈在警告孟然："别让于博来咱家了，烦死人了，下次他再来你赶紧打发他走。"这个男孩悄悄地缩回了已经踏入门槛的一条腿，从此之后，他再也不喜欢与人交往了。

如果孩子看到别人或听到别人在某种交往情境中遭受挫折和

拒绝，自己就会感到痛苦、羞耻、害怕。这种"间接经验"会不自觉地影响他们对人际交往的看法，离开母体，孩子就以一个独立的个体存在，随之就慢慢形成自我的意识。所以妈妈要多给这样的孩子以抚慰，多对他们进行勇气训练。比如鼓励孩子在人多的场合讲话，多交朋友。羞怯的孩子，担心别人瞧不起自己而不去交友。这时妈妈就应该鼓励他，首先让亲朋好友或比较熟悉的孩子与他一起玩，克服他交往的恐惧心理，然后再鼓励他在同学中交朋友。当孩子带朋友到家中时，妈妈要表现得热情，别不以为意的，以增加他的勇气。

● 孩子间的矛盾，就由他们自己去解决

在孩子的成长过程中，与小伙伴产生矛盾在所难免，今天你撞了我一下，明天我推了你一把的事儿常有发生，可是，心理学家研究发现，当矛盾出现时，妈妈对于孩子矛盾的处理方法却直接影响着孩子的人际交往。

春天到了，校园里一片姹紫嫣红。在学校的花坛边，除了怒放的鲜花、碧绿的垂柳外，还有一位妈妈在拉拉扯扯地质问孩子："说，到底谁打你啦？"

孩子一言不发，只是默默地哭泣。

"告诉我是谁，我去找他家长！"妈妈满脸怒气。

孩子还是待着不动。

"你怎么跟木头一样，他打你，你就不会打他吗？"妈妈急得一屁股坐在花坛边的石凳上，也顾不了上面那层厚厚的灰尘。

"我们约好单挑的……"在妈妈不断地追问下，孩子终于吐出了这几个字。

"什么，单挑？你怎么这么笨不知道叫老师啊！"妈妈卷了卷袖子，一副不依不饶的架势："平常我都怎么跟你说的，你都听哪里去啦，白让人家揍一顿啊，恩？！"

这一连串机关枪似的话语射过来，孩子又沉默了，任凭妈妈如何责骂都只是默默流泪……如今的孩子大多是独生子女，孩子受了哪怕一丁点儿委屈，妈妈自然心疼得不得了。每次孩子发生争执时，母亲往往会第一时间介入其中。于是，有的妈妈就开始出面帮孩子讨回"公道"，气势汹汹地去找对方算账："你凭什么打我们家的孩子？""我非得告诉你爸爸妈妈，让他们收拾你！""你这个坏小孩竟敢欺负我们家孩子！"

大人的这种心情可以理解，妈妈会因为自己的孩子欺负别人而不好意思，也会因为自己的孩子被别人欺负而心痛。但是，这种做法未必可取。

据心理学家观察，这样处理问题的妈妈反而会让孩子与朋友的关系越变越糟。这样的妈妈，为了保护孩子，无意中离间了孩子。爱子心切人之常情，但是这样会让孩子离伙伴们越来越远。当某天，妈妈突然发现自己的孩子不善于与别人交往或者有些不合群的时候，得自己好好想想：是不是自己不经意间阻止了孩子之间的交往？

试想一下，孩子间出现了问题，如果妈妈出面了，那么以后这个孩子就将被大家瞧不起，不爱和他玩："你除了告妈妈还会干什么？""胆小鬼！"这时，如果被找麻烦的孩子家长再出面，最后的结果可能是，两家大人互不相让地打了起来，孩子们却早摒弃前嫌跑一边儿玩去了。

据心理学家研究发现，6岁以上的孩子，在内心深处仍然依恋着自己的妈妈，但他们一般不会表现出来。他们不再希望妈妈只把他们当成小孩子、乖孩子去宠爱，去呵护。他们正在形成个人的尊严意识，并且希望别人能把他们当成独立的人来对待。妈妈们要相信，孩子有能力解决纠纷。在孩子的世界中，有孩子自己的规则，妈妈不懂，也不必懂，大人不必去介入孩子的世界。孩子间的矛盾妈妈最好别管。

对于孩子来说，磕磕碰碰很正常。有时只是一时的好胜心引起了小矛盾，也许没几分钟就会和好。孩子们的世界没有那么复杂，孩子们的游戏有着属于孩子的规律。让他们在冲突中找到解决问题的办法，在解决问题中不断成长。所以，如果孩子之间发生冲突，一开始妈妈最好是静观其变，先不要干涉，或许在观察过程中妈妈还会有所发现！

孩子对于"规矩"的认识，很多时候就是从与小伙伴的矛盾中总结出来的。当问题出现的时候，也许正是孩子从矛盾中学习应该怎样处理问题的时候。有一天，当孩子长大了进入社会，他们最终得用童年时总结出来的这种"游戏规则"独自去面对生活、解决难题。

心理学家提醒妈妈，不要轻易打扰孩子去处理游戏规则的过程。往往妈妈的放手，能够培养孩子独立思考、当机立断的能力。孩子在生活学习中有了矛盾实在是一件再正常不过的事情。这是一个交流的过程，一个规则制定的过程，更是孩子长大的过程。

在妈妈眼中，孩子无论多大都是孩子。但请妈妈们记住：孩子吵架，妈妈不用管，就由他们自己去解决，让他们在矛盾中学会生活，学会与人相处。

● 当孩子遭到朋友拒绝时怎么办

报纸上"男友求爱不成，杀了女友"或者"女友被拒，纠缠男友，或杀人或自杀"的新闻屡见不鲜，据心理学家分析，这些因为遭到拒绝就走向极端的人其实是缺乏"坦然接受拒绝"的心理品质。

从报纸回到孩子的世界。孩子的生活是多姿多彩的，他们会有很多伙伴，每天在一起学习、生活、做游戏。可是，他们也会碰到一些不顺心的事，比如和小伙伴相处的时候因为别人拒绝了自己的要求，好朋友之间闹别扭成了陌生人。有的孩子借此把对方的拒绝埋藏在心底，逮到合适的机会就以牙还牙；还有的孩子因为别人的拒绝而对自己与人相处的能力产生怀疑："我是不是很让大家讨厌，不然为什么他们都拒绝我，不愿意帮助我呢。"

这天，尤晓曦一回到家就独自坐在沙发上生闷气，嘴里面还不停地嘀咕："哼，我非和这样的朋友绝交不可！"

妈妈看到尤晓曦这副模样，便走过去询问道："怎么了？满脸的不高兴。"尤晓曦说："马菲有盘CD，那可是绝版的啊，我向她借来听一听她都不肯，亏我平常对她那么好，妈妈，你说气不气人？"

妈妈这才明白了女儿为何如此生气。她拉着尤晓曦的手，慢慢地说道："马菲不是你最好的朋友吗？我还记得你上次文艺晚会借了她的鞋子参加表演，后来好像还把人家鞋子的鞋跟给穿断了，对吧？马菲最后不是丝毫没有责怪你吗？"

尤晓曦被妈妈这么一问，脸突然红了起来："对呀，马菲对我很好的。"

妈妈接着说道："所以，这次她不借你CD肯定有原因，孩子，何不放平心态理解一下别人的难处呢？这会让你变得快乐，收获更多的幸福。"

尤晓曦点点头，心想，明天上学的时候，一定要告诉马菲，自己不生气了。

所有的妈妈都希望自己的孩子有健全的人格，心理学家告诉我们，能够放平心态正确面对别人的拒绝就是健全人格的一个方面。很多孩子是忍受不了别人的拒绝的，被人拒绝后会产生一种挫败感、嫉妒感。其实，孩子的一生中总是会遇到诸多拒绝，妈妈不给买看中许久的玩具、没有被心仪的学校录取、同学不把参考书借给自己、被好朋友们排除在圈子之外孤立起来……这是孩子成长的必要过程，包括熟悉的和不熟悉的人的拒绝以及来自友情的拒绝。让孩子在幼年时体验一下来自别人的拒绝，遭遇一次好朋友的孤立，未尝不是一件好事。

经历以后，对于遭到拒绝的孩子来说，至少会有两点收获：首先是这个孩子肯定有勇气拒绝别人；其次是这个孩子能够坦然接受别人的拒绝。这两点是非常可贵的心理品质。前者意味着孩子有自己的个性，敢于说"不"，不盲从；后者意味着孩子有一种坦然、平和的心态面对拒绝，能坦然接受，也不会因为别人的拒绝而产生嫉恨心理。只要妈妈引导得当，孩子完全可以以平常心来看待生活的"拒绝"。当然，在遭遇到诸如朋友拒绝的时候，首先还是应该教导孩子积极想办法来赢得友谊，如果经过努力后还是不能赢得这份友谊，也要以平常心来坦然面对。

特别是当孩子遭遇到好朋友"孤立"时，妈妈更要保持平常心，如果妈妈带有情绪，孩子会更加容易受伤害。宽广的胸怀使孩子能与人友好相处，斤斤计较会让孩子失去朋友，变得内心不快乐。家长要宽容地对待别人家的孩子，这样自己的孩子才能学会宽容。解决问题才是最终目的，妈妈要创造机会，鼓励孩子积极想办法去解决。坦然接受拒绝是一种优秀的心理品质，妈妈要抓住机会适时引导孩子建立这一品质。

● 别以"保护"的名义"离间"孩子

在孩子成长的道路上，存在着一个非常温柔的陷阱，就是那些过分庇护孩子的母亲自己挖掘的，掉进陷阱里的孩子，由于被剥夺了犯错误和改正错误的机会，从而也失去了长大成人的权力。

保护孩子是妈妈的天性，每一位母亲都对孩子倾注着满腔的热爱。没有妈妈的保护，孩子是很难长大成人的。然而，过度的保护则没有益处，只会使孩子变得软弱无能，缺乏自主性和独立性。

据报载，一名 8 岁的小男孩，仅仅因为偶然的迷路，他母亲便痛下"不再让儿子离开自己半步"的决心，并辞去公职，留在家里照看儿子。这样的事例，在生活中是很少见的，但家长对孩子过分呵护，凡事顺着孩子，生怕孩子饿着、累着、受委屈的现象却不是个例。在一些小学门口，经常有妈妈对孩子早晨送晚上接，更有甚者，干脆帮孩子做家庭作业，收拾学习用品，到教室帮孩子值日打扫学校卫生区等。一个四年级的学生上课没带课本，老师问他为何不带课本，他却振振有词地说："还不是我妈，忘记装了！"

有一位母亲，在孩子很小的时候和丈夫离异，她便把全部的爱转移在孩子身上，好吃好穿地任他挑，在家想干什么就干什么，想要什么母亲就帮他买什么，恨不得把天上的月亮也摘给他。母亲的娇惯和纵容，使他滋生了"唯我独尊"的心理。在学校里霸道十足，不听老师的话；在家稍不如意，就拍桌子摔碗；在社会上经常与人打架斗殴，最终走上了抢劫犯罪的道路。

心理学家发现，妈妈的过分"保护"已经导致有些孩子某些生理、心理机能退化。一些妈妈一方面在学业上拼命给自己孩子"加压"，另一方面又为他们在生活上尽可能地创造很好的条件，这便导致现在的孩子大脑"发达"，四肢无力。在舒适的环境中，孩子人体中的某些机能正在逐步退化。因为他们生活的需要很容易得到满足，几乎不用克服什么困难，不用付出，也就没有发展。孩子成长过程中用于发展自己能力的机会就这样被妈妈打着"保护"的名义"离间"了。

另外，心理学家发现，妈妈过度保护孩子的做法其实是一种自私心理的反映。因为过分溺爱的背后，一定会有对孩子行动的禁止和干涉。妈妈们总是按照自己的意愿去爱孩子，总是站在大人的角度去判断何事该做，何事不该做，从来没有问过孩子是否真的就需要这样的保护。尽管这些都是出自对孩子的爱心和关怀。但是妈妈们有没有想过，孩子会在这种连续"禁止"中，逐渐失去表达自己要求的能力，甚至会变成"无力量""无意欲""无关心"的"三无人类"。

从某种意义上说，过度保护孩子，是一种无形的"离间"。离间了孩子独立生活的权利，离间了孩子自主选择的意愿，也离间了孩子长成参天大树所需要的土壤和"钙质"。试想这该是一种怎样的悲哀。

河北某县一所小学举行"奔向新世纪"象征性长跑，跟着跑的、在路边围观的妈妈比学生还多。她们不时冲自己的孩子大喊大叫："别跑，慢慢走好！""吃得消吗？吃不消趁早退出来！""别逞强了，走不动妈妈开车载你！"

从小学生队伍中，传出这样的回答："谁让你送，快回去！""烦不烦！都被人家笑死了！"回来后他们曾对前来采访的记者说："这样的爱我们真受不了！"

也许，妈妈们应该放低自己的姿态，听听孩子内心深处的声音，真正将自己的关怀和保护用在刀刃上，给孩子们多一些自由成长的阳光、温度、水分、空气……别让你的孩子在"腻歪"了的爱中苟延残喘，倍感"生命不能承受之轻"。

而且，更为重要的是，不管妈妈多么想保护孩子，他们一旦融入集体生活，就有一种强烈的独立意识，他们会把这种"过分的关心"看成是很没面子的事。可以说，当孩子们离开家长时，平时在妈妈温暖的怀抱下软化的独立意识开始得到了复苏。过度的保护看似一种爱护，到头来却会害了孩子，所以做妈妈的一定要把自己的爱"收"起来一半，留给孩子成长的机会。

小伙伴交往，"以牙还牙"要不得

在心理学上，"以眼还眼，以牙还牙""以其人之道还治其人之身""你跟我过不去，我也让你不痛快"的做法，被称为"海格力斯效应"。这是一种人际间或群体间存在的冤冤相报、致使仇恨越来越深的社会心理效应。

希腊神话故事中有位英雄大力士，叫海格力斯，一天，他走在坎坷不平的路上，看见脚边有个像鼓起的袋子样的东西，很难看，海格力斯便踩了那东西一脚。谁知那东西不但没被海格力斯一脚踩破，反而膨胀起来，并成倍成倍地加大，这激怒了英雄海格力斯。他顺手操起一根碗口粗的木棒砸那个怪东西，那东西竟膨胀到把路也堵死了。海格力斯奈何不了他，正在纳闷，一位圣者走到海格力斯跟前对他说："朋友，快别动它了，忘了它，离它远去吧。它叫仇恨袋，你不惹它，它便会小如当初；你若侵犯它，它就会膨胀起来与你敌对到底。"仇恨正如海格力斯所遇到的这个袋子，开始很小，如果你忽略它，矛盾化解，它会自然消失；如果你与它过不去，加恨于它，它会加倍地报复。

据心理学家调查，孩子受到小伙伴欺侮，妈妈的行为反应大致有如下几种：

心疼孩子，责怪自己孩子无能，教孩子"以牙还牙"。

责骂自己的孩子，把责任全部揽到自己孩子身上。

带着孩子上门兴师问罪。

了解受到欺侮的原因，谨慎对待，指导孩子端正自己的言行。

毫无疑问，正确的做法是第四种。妈妈心疼自己孩子，这是可以理解的，但是责怪孩子无能，教孩子"以牙还牙"，或者不问青红皂白，简单对待，武断处理问题，这些做法都是不可取的。因为这些做法会造成孩子失去正确的是非观，心理上感到压抑，有委屈不敢向父母诉说，对孩子的身心发展会产生不良的影响。

心理学家指出，海格立斯效应会使人陷入无休无止的烦恼之中，错过人生中许多美丽的风景，再没有真正的快乐，再没有新的进步。孩子的一生，人际间或群体间的摩擦、误解乃至纠葛、恩怨总是在所难免，如果肩上扛着"仇恨袋"，心中装着"仇恨袋"，生活只会是如负重登山、举步维艰了，最后只会堵死自己的路。

有这样一个小故事：

吉伯和马沙一起登山旅游。当他们行经一处山谷时，马沙失足滑落下去，幸而吉伯拼命用手拉着他，才将他救起来。

马沙遂在附近的大石头上，刻了如下的字："某年某月某日，吉伯救了马沙一命。"他们走了好几天来到了河边。吉伯和马沙为了一件小事，激烈地争吵起来，吉伯一气之下打了马沙一耳光。

马沙就跑到沙滩上写了如下的字："某年某月某日，吉伯打了马沙一耳光。"吉伯禁不住好奇地问马沙，为什么要把自己救他的事刻在石头上，而将自己打他的事写在沙滩上？马沙回答说：

"那是因为我永远会感激你救我，但是你打我一耳光的事，随着沙滩上字迹的消失，我会把它忘得一干二净！"

妈妈们深有体会，如果一个心中常想报复的人，其实自己活得也并不快乐。因为他的精力几乎全用在报复这件不愉快的事上了，而且就算成功他也会有种失落与悔恨交织的情感。《呼啸山庄》中的男主人公希斯克利夫先生，由于小时候受到其他人的嘲弄，发誓报复。当他回归山庄时便展开了一系列报复行动，最后许多人因此而痛苦地死去，但他那苍老的心却突然感到一种可怕的孤独，这就是对报复的报复。

当矛盾出现，如果孩子抱着"以牙还牙"的心态去对待，那最终伤害的还是自己。

"他把我的钢笔弄坏了，我也要把他的书撕破！"

"他向老师告我的状，我也要去把他的那些事儿告诉老师！"

"他在同学面前说我的坏话，我一定不会放过他！"

仇恨就像海水，孩子喝得越多，就越觉得口渴难耐。实际上，人人都有不足，事事都有缺憾，事事斤斤计较、患得患失，活得必然很累。

所以当孩子想要报复别人的时候，妈妈一定要进行正确的引导。妈妈首先要安慰孩子，如"你被小伟欺侮了，妈妈心里也很难过"。然后，弄清受欺侮的原因，让孩子明确是非，指导孩子端正自己的言行。然后安抚孩子浮躁的情绪，让他们冷静地看待这件事情，想想对错，以及自己"以牙还牙"可能造成的严重后果。相信有这么深明大义的妈妈引导，孩子定然成长为一个具有良好道德品质和处世原则的人。

● 教孩子跟小朋友重归于好

孩子有过和好朋友争执或者冲突的经历吗？

孩子想要和好朋友摒弃前嫌和好如初却放不下面子开不了口吗？

面对这些问题，孩子向妈妈求助过吗？

在每一个孩子的成长过程中，和小伙伴产生矛盾在所难免，在孩子们的冲突中，常常没有绝对的对与错。从每一个孩子的角度来说，他的感受和看法都有自己的道理。作为母亲，也应该尊重孩子表达自己感受和看法的权利。心理学家指出，母亲要做的事情，就是协调两个产生矛盾的孩子看问题和解决问题的角度，争取让他们早日重归于好。

对于孩子而言，朋友无疑是非常重要的，友情对他们的情感、人格的发展都会起到有益的作用。心理学家说，人是社会关系的总和，离开人与人的联系、人与人的交往，人就不存在了；离开人与人的联系、人与人的交往，人就不能发展。在诸多的联系、交往中，总有至近的、感情亲密的一群人，这就是朋友。孩子应该在朋友群中长大成人，这对于今天的独生子女来说，尤为重要。

如果说孩子学会如何与朋友沟通、如何与朋友交往非常重要的话，那么让孩子学会如何解决人际关系中的问题可能更加重要，而且更加富有成长的意义，这将让他们受用终身。

　　庄一飞和马蓝小学时就是好朋友，但是最近一段时间，妈妈发现，庄一飞似乎对马蓝有些反感，平时放学也不和马蓝一起走了，作业也是自己一个人写，也不去找马蓝玩了。有时马蓝过来找她玩，她也是爱搭不理的。妈妈感到很奇怪。

　　这天放学后，庄一飞又是独自一人回来了，到家后，就不声不响地回到自己的房间里写作业。过了一会儿，电话响了，妈妈接起来后，是马蓝打来找庄一飞一起出去玩的。

　　"飞飞，马蓝叫你一起出去玩。"妈妈叫庄一飞接电话。

　　"我不去，就说我正在写作业呢。"庄一飞闷闷地说。

　　"飞飞，你怎么了？"妈妈握着电话不知道该怎么说。

　　"我俩吵架了，我不想理她！"

　　如果孩子受到伤害了，他们的直觉很可能是不再理睬对方以保护自己。但孩子如果这么做，与好朋友的关系很可能就会结束了。因此，孩子要走出自己的情绪，主动寻求恢复关系。友谊是因失去信任而破裂的，两人都需要走出来表明对方是值得依赖的才不会破坏友谊。

　　如果妈妈放任庄一飞的这种情况不管不问，那庄一飞无疑将会失去一个好朋友。心理学家指出，实际上，孩子如何处理人际关系及其问题也是一种情绪能力。好的情绪能力显然有利于孩子的学习与成长。为了让孩子不困于好朋友、好伙伴之间的争执与冲突，妈妈还是教导孩子学会几招化解矛盾冲突的小方法吧。

首先，妈妈的角色之一，是要引导孩子们协调不同的意见，尽力达成协议。当孩子们各自提出建议、共同商讨解决办法的时候，妈妈要引导孩子思考自己的建议是否公平，别人是否能够接受。讨论每一个解决方法的时候，妈妈要表现出对每个孩子的感受的关注，让孩子们看到，必须用互利合作的方式来解决问题。

其次，如果有人伤害了孩子，妈妈或许可以教孩子在事实没有得到证实之前，应该往好处想，假定孩子的朋友是无辜的。因为如果孩子以后做错了事情，也会希望别人这样看待自己。

孩子们会用自己的方式来修复他们之间的友谊关系。如果孩子觉得自己对对方做错了什么，让他做一些让对方感觉好一点儿的事情，可以减轻他的内疚，并且对自己与对方的友谊保持信心。如果一个孩子做出了补救的善意举动，妈妈可以问一问另一个孩子是不是感觉好一点儿。这样，受伤害的孩子心中还能保持着对对方的良好印象，他们之间的友谊关系还能维持一个良好的状态。

最后，心甘情愿说出来的"对不起"是最有意义的，而迫于大人的压力、言不由衷的道歉往往难以达到教育孩子的目的。这种"歉意"只是对大人们的敷衍，而非发自内心，既没有让孩子了解别人的感受，也没有教会孩子考虑别人的利益。处理孩子们之间的冲突时，妈妈要教会孩子走出自我中心，进行真诚的道歉，这样，孩子与好朋友"化解恩怨"也就不是什么难事了。

第七章

培养有担当的孩子，为自己的选择和行为负责

● 聪明的妈妈要"无为而治"

　　菲菲已经是小学二年级的学生了，是一个可爱的小姑娘。但是，这个可爱的小姑娘却非常粗心，她做作业的时候从来不检查，总是把很简单的题目都做错。每次菲菲写完作业，就对着妈妈叫道："妈妈，我写完了！"然后，把作业本、文具盒往桌子上一扔，就匆匆忙忙离开桌子，打开电视或者跑到外面去玩。接着，菲菲的妈妈就帮菲菲收拾书桌，把课本、文具等收拾到书包里，然后，再将菲菲的作业从头到尾检查一遍，用铅笔把错误的题目勾出来，叫菲菲来改正。对于妈妈指出的错误，菲菲从来不问为什么，想一下就拿起笔来改，因此，她改过的题目经常还会出现错误。这时，菲菲就会不耐烦地嚷道："妈妈，到底应该怎么做呀？"妈妈见菲菲不肯动脑筋，一边抱怨菲菲不自觉认真学习，一边只得把正确答案告诉她。

　　生活中有很多像菲菲一样的孩子，他们好像一个傀儡一样，不会独立检查作业，不会独立收拾自己的书包，也不会自己思考错题的改正方法，好像没有自己的思想一样。妈妈们会抱怨他们不自觉，什么事情都依赖妈妈，好像没了妈妈什么事都做不了。殊不知，孩子的不自觉正是妈妈无意识中宠出来的坏习惯。因为妈妈把检查作业、收拾书包这些应该孩子自己做的工作都代劳了，孩子在妈妈的帮助下毫不费劲地做好事情。久而久之，孩子一遇到困难，就求助妈妈，理所当然地认为妈妈会帮自己解决问题，这样就养成了孩子不自觉的习惯。妈妈对孩子的事情件件亲力亲为，为孩子包办一切，这样既限制了孩子自身的发展，自己也整天为孩子的事情不断操心，筋疲力尽。妈妈费心费力，某一件事做得不好时，还被孩子抱怨管太多，费力不讨好，最终还落下了"笨妈妈"的恶名。

孩子刚出生的时候，妈妈照顾孩子是应该的，因为这时候的孩子生理、心理的各项功能都还没有发育成熟，他无法独立生存，需要依靠他人的照顾。但随着孩子身心发育的健全，他学会了爬行、学会了走路、学会了说话，学会了自己出门、学会了与人交往……孩子学会的东西越来越多，他能学会的还有更多。妈妈应该适当放手让孩子去学会更多的东西，做一个"无为而治"的聪明妈妈。

但是，在许多妈妈心里，孩子再大也是自己的孩子，她们已经习惯了无微不至地照顾孩子：给孩子喂饭、帮孩子洗脸、帮孩子收拾书包、帮孩子做作业……基本上能帮的都帮了。在这种情况下，孩子能学会自理吗？他从未尝试过自己做自己的事情的味道，怎么会平白无故地懂得自觉呢？即使他一时兴起自觉做了某件事，但是习惯于依赖妈妈的他自然会觉得做事情很费劲，还不如让妈妈做好。久而久之，孩子越来越依赖妈妈，越来越懒散，而离自觉就越来越远。实际上，不自觉对于孩子的成长是很不利的。对于孩子的自身素质来说，独立性是最重要的素质之一，而不自觉的孩子完全依赖于妈妈，四体不勤，无法独立生活。所以，从孩子的长远发展来看，明智的妈妈应该让孩子从小就做一些力所能及的事情，注意从生活的各方面来培养孩子的独立性，对孩子进行自觉主动的自主教育，逐渐养成孩子的自觉意识和习惯。

自觉主动的自主教育的内容是从孩子的实际情况出发，调动孩子的内在积极性，发掘其潜能。美国著名教育心理学家赫施密特指出："自觉主动的自主教育实现的是受教育者和教育者的合一，使教育的对象成为主体，由于自身掌握了主动权，个人将在发展的过程中拥有无穷的力量和智慧。如此，不仅使受教育者的潜能得以极大的开发，而且使教育者得以身心的解脱。而这里的关键在于，教育者必须掌握以一驭万、能够真正诱发受教育者主动性的策略。"然而，自主教育中的教育与被教育的关系并非固定不变的。在自主教育的前期，妈妈是主要的教育者，到了后期，当孩子已经掌握了方法并将之应用到自己的生活中，孩子就发生了转变，从实质上变为了自主教育的自觉者，这时，他们会自觉主动地去求职学习，在某些时候，他们的独特见解和新的发现甚至会影响到妈妈，反过来使作为教育者的妈妈受到启发。

所以，激发和引导孩子自觉主动，妈妈不需要付出太多时间和精力，就可以培养出成功的孩子，就可以更轻松地成为成功的妈妈！

"一人做事一人当"，不要替孩子的过失包揽责任

一个中学生抢了别人的钱，爸爸带着他去寻找被抢的小学生，整整找了一个星期。

事情的起因是，小学三年级学生李溪一天放学后在回家的路上走着，两名中学生拦住了他的去路，"喂，借点钱给我们用用。"10岁的李溪虽说从来没碰到过这种场面，但也毫不示弱地说："我不认识你们，没钱。"其实，那两个人早就看到他的裤袋里藏了个鼓鼓的钱包，于是干脆抢了就跑。这可是李溪攒了180天的零用钱，共180元。他哭着喊着去追赶，可哪里追得上。

一星期后，李溪在班主任许老师的护送下，与同学一起排队走出校门。上次抢钱的一名中学生出现了，不同的是，这次他的身边还站着一个大人。大人把李溪叫到一边说："对不起，我儿子不争气，抢了你的钱包。你的180元钱现在在他同学手里，我马上通知那个同学的家长。"只一刻钟，当时结伴的另一名中学生也赶到了，大人让两个孩子一起向李溪道歉。

原来，这名中学生的父亲得知儿子与同学合伙抢了一名小学生的钱包后，寝食不安，仅凭儿子一句"那个学生可能在某某学校读书"，他便每天在上学放学时，带着儿子到那一带的小学逐个认人，终于发现了背着书包排队出来的李溪……

这位正直勇敢的父亲发现孩子的小过错时，严厉地指出并教育孩子，让孩子认识到自己的错误，并学会为自己的错误埋单。

生活中存在这样一种普遍现象：大多数人都不认为自己是坏人。即使自己有邪恶的行为，他们也会极力为自己寻找开脱的理由，减轻良心的不安。这就是心理学上的"自我宽恕定律"。我们每一个人对自己的错误，都有回避和推卸的心理倾向，常常是发现别人的错误容易，却不容易看到自己的错误。比如，我们不喜欢被人议论，可是我们自己却喜欢背后议论人。我们自己的自私、善妒等品质，我们自己总是认识不到；如果别人对我们这样，我们却反应强烈。

一个人如果对自己的错误行为都不能负责，就更难对他人负责。这样的人是可悲的，既不会得到别人的信任，也不会得到社会的承认。做妈妈的都希望自己的孩子是一个有责任感的、能够对自己的行为负责的人，因为每个妈妈都希望自己的孩子能够融入社会，被周围的人所接受。那么，当孩子犯错误时，我们绝不能毫无原则地让步，更不能姑息放任。而是让孩子学会为自己的错误埋单。

孩子的天性趋向于"自我宽恕"，他们并非天生就有承担责任的能力，他们的责任感是随着年龄的增长和心智的逐渐成熟而形成的。因此，妈妈在教育孩子的过程中，应有意识地教育孩子对自己的行为负责，为自己的过错埋单，让孩子明白自己的不良行为给他人带来的严重影响。

一些妈妈在孩子有了过失之后，常常为了面子而否认说：我的孩子不会这样做。或者是代替孩子出面道歉认错，替孩子承担过失的责任。这样的妈妈只会培养出来遇事逃避责任的懦夫。妈妈必须明白：孩子一旦做下错事，让他悔过自省，向人致歉，对培养孩子的责任感，实际上是一次良好的机会。让孩子直接道歉，有助于深化孩子对错误的认识，养成"一人做事一人当"的习惯。虽然有时妈妈代子女承担责任向别人道歉，亦有其必要性，然而，这也仅限于不具表达能力的幼儿而已；对于已能分辨是非的孩子，妈妈就应该尽量从旁辅助，让他们做一个对自己勇于负责的人。作为妈妈，我们要时刻牢记孩子是一个独立的人，同时又是一个特殊的人，我们不能把孩子看成自己的"面子"，孩子闯祸我们没脸，孩子很乖我们就得意扬扬。孩子需要通过错误成长，需要我们帮助，而不需要我们包容。

里卡尔达·胡赫说："独自承担自己行为的责任，独自承担这些行为的哪怕是最沉重的后果，正是这种素质构成了人类伟大的人格。"

一个有伟大品格的人是善于对自己的行为负责的，成年人要为自己的行为负责，孩子也应该从小养成为自己行为负责的习惯，这样将来才能承担起生活的责任和人生的义务。

要想让孩子成长为一个有责任感、勇敢的人，妈妈应该从小教育孩子为自己的行为负责，培养孩子承担责任的思想意识。这样，才能使孩子树立起责任心，长大能成为一个有责任心的人。

● 帮孩子丢掉依赖，是培养孩子责任意识的开始

有一位妈妈领着四岁半的儿子去游玩，遇到一个土坑，儿子非要下去玩。当儿子玩得高兴时，妈妈躲到不远处的地方，不让儿子看见。儿子玩够了，要上来，开始喊妈妈。妈妈却一声不吭，装作没听见。儿子开始直呼其名，她还是不理。于是，儿子连哭带骂："坏妈妈，大坏蛋！呜呜……"可无论怎样哭喊都不见妈妈露面，儿子只好自己想办法。他发现土坑里有一个小阶梯，便手脚并用地爬出了土坑。当他发现妈妈就在不远处蹲着时，便惊喜地扑上去，高兴地举着小拳头自豪地说："我是自己爬上来的！没有妈妈，我自己也能爬上来！"

孩子由于小，妈妈出于对孩子的关爱，无微不至地照料孩子吃穿住行、安排和规定好孩子的学习生活、让孩子听家长的命令行事，这种做法在孩子很小的时候是可取的，但随着孩子年龄的增长、自立能力的增强，妈妈就不能拘泥于这种方法了，因为这样容易使孩子产生严重的依赖心理，影响孩子独立自主地成长。妈妈这时的主要任务就是要锻炼孩子的自理能力，渐渐帮助他们改掉依赖的习惯。其实改掉依赖的习惯也是培养孩子责任意识的开始。

如果孩子什么事都依赖妈妈，那他自然不会想要自己做自己的事，自然也就不会有自我责任感，这是人类惰性使然。而妈妈不可能让孩子依赖一生，真正的爱是要培养孩子独立自主的能

力。帮助孩子改掉依赖的习惯，做妈妈的就应该从自身做起严格要求自己，不能什么事情都代替孩子做。因为孩子本身就是一个独立的个体。孩子也有独立的人格、尊严和决定自己未来的权利。

每个孩子都有自身的特性和幸福、快乐。有的妈妈不顾孩子的天性和意愿，以过来人自居，越俎代庖地为孩子一生画下明确的路线，让孩子按照自己制定的目标和路线去努力。而有些妈妈让孩子完全脱离集体这个大环境，在与世隔绝的状态下按自己的方式教育孩子，给孩子的心理造成难以消除的阴影，造成孩子性格扭曲，孩子成了满足自己心理愿望的工具。这样的做法表面看起来似乎是为了孩子的将来好，实际上不利于孩子责任意识的养成和培养，也是妈妈极为自私和残酷的体现。

鲁迅先生曾说："子女是即我非我的人，但既已分立，也便是人类中的人。因为即我，所以更应该尽教育的义务，教给他们自立的能力，帮助他们改掉依赖的品行，锻炼他们的责任意识；因为非我，所以也应同时解放，全部为他们自己所有，成为一个独立的人。"鲁迅先生的话正表达了这样一种现代教育观念：子女，是我的孩子，又不完全等同于我，他从母体出来后，已与母体分开，成了人类中的一个独立的人。因为还是孩子，作为妈妈就有教育的义务，而这种教育主要是教给孩子自立的能力，而不是任何事情都帮助他们处理，因为他不等同于我，所以要解放孩子，使他们完全成为独立的人。

孩子告别依赖，一个重要的表现是独立地生活。要独立生活，就要做到自己的事情自己负责。孩子在面对生活中的各种事情时，只有明确了自己的责任，并勇于承担自己的责任，才能成为真正独立的人。

所以，平常就要让孩子养成自己的事情自己做的习惯。从现在开始，让他们自己做力所能及的事情：自己收拾、打扫自己的房间，整理自己的衣服，学习上遇到了困难要自己多想办法解决，不要依赖别人的帮忙，妈妈工作忙的时候要学会做饭，等等。这些小事，都可以成为锻炼孩子自理能力的机会，不能再事事让孩子依赖妈妈。只有这样，孩子才能更好地掌握本领，将来外出求学，走上社会，就不会依赖别人，就能自己照顾自己。这样，在人生的道路上就会走得很辉煌。

妈妈除了教会孩子自己的事情自己负责，让孩子生活能自理之外，还要让孩子从思想上做到不依赖成年人，这就要加强对孩子独立思考能力的培养，让孩子做到能独立地提出问题、思考问题、解决问题，养成自觉的好习惯。自觉的培养比起让孩子能生活自理则更进一步了，它是孩子全方位发展的体现，只有做到了自觉，才谈得上尽量不依赖成年人。

另外，妈妈在教育孩子的时候，要让他们懂得自己未来的道路是靠自己的力量走出来的，要他们学会依靠自己，这样才能在成功的道路上越走越远，越走越开阔。

培养孩子责任感的几个有效方法

　　责任感是一种高尚的道德品质，是人对自己的言行持认真负责的态度。每一位做妈妈的都应该重视培养孩子的责任感。因为人的一生所有重要习惯、倾向、态度多半是在幼儿时期培养起来的，所以，妈妈要从孩子幼年时期开始，就着手培养孩子的责任感。妈妈可以采用一些符合孩子幼小心灵的方法来培养孩子的责任意识：

　　1. 用妈妈的责任感培养孩子的责任感。孩子的观察模仿力很强，妈妈的言谈举止中所透露出来的责任感和责任行为往往对孩子起着强有力的潜在影响。因此，妈妈首先要率先示范，用自己的责任感来培养孩子的责任感。如果妈妈希望孩子能信守承诺，妈妈就首先要说到做到；如果妈妈希望孩子自己的事情自己做，妈妈就得认认真真完成自己的任务；如果妈妈希望孩子能对小宠物有责任感，妈妈就要对宠物表现出爱和关注，总之，孩子会跟着妈妈学，有责任感的妈妈才能培养出有责任感的孩子。

　　2. 在游戏中培养孩子的责任感。妈妈和孩子一起玩角色游戏，让孩子在游戏中通过扮演不同的角色，体验承担不同的责任。例如，妈妈可以扮演病人，孩子扮演医生，让孩子承担医生的责任，询问病情，认真给病人看病，打针拿药；当妈妈扮演学生，而孩子扮演老师时，孩子就要认真给妈妈上课、批改作业，担当老师的责任。通过各种各样的游戏体验，孩子的责任意识就会萌生，就会意识到每个人都有自己的责任。

3. "与孩子拉钩"，用承诺来培养责任感。拉钩，对孩子而言是游戏，但也具有良好的约束力，在孩子看来，拉钩就是最大的承诺，和孩子拉钩约定好一件事情，孩子就会为了实现自己的承诺而愿意为之做出努力，这就是孩子责任感的一种最初体现。

对孩子责任心的培养，仅仅是开始得早、花心思多是远远不够的，妈妈还要把握尺度，以免过多的说教或者不良的方法造成孩子的厌恶或是抵触。所以，培养孩子的责任感，需要把握以下原则：

1. 注重孩子的爱心培养，让孩子学会关心他人，善待他人，这是培养孩子对社会的责任心的基础要求。让孩子主动关心老人、病人和比自己小的孩子。妈妈生病的时候，让孩子学会照顾妈妈；让孩子知道妈妈的生日，鼓励孩子给妈妈送上一份生日礼物。

2. 对孩子采取民主的态度，鼓励孩子独立思考，允许他们表达自己的观点和看法，有利于孩子形成责任心。让孩子绝对服从的教育方式只能培养出唯命是从、毫无主见、不敢负责的人。

3. 可适当地让孩子了解一些妈妈的忧虑和难处，提出一些问题，引导孩子独立思考和选择，大胆发表自己的见解。让孩子感到家庭的美满幸福，全家幸福要靠爸爸妈妈和孩子的共同参与，进而增强孩子对家庭的责任心。

4. 在大处着眼，从小处着手。让孩子在生活中感受责任的分量，哪怕只是倒一次垃圾，洗一块手帕，一次维护公共财物的举动，一件表示同情心的事情。孩子积极主动时应给予表扬鼓励，疏忽或漠视时应给予批评和修正。只有这样，才能让孩子超越"以自我为中心"，了解自己周围的世界，从而强化自己对他人负责、对周围环境负责的责任心。

5.鼓励孩子做事情要有始有终。孩子好奇心强，什么都想去摸摸、去试试，但是随意性很强，做事总是虎头蛇尾或有头无尾。所以交给孩子做的事情，哪怕是很小的事情，妈妈也要有检查、督促以及对结果进行评价，以便培养孩子持之以恒、认真负责的好习惯。

6.别让孩子找借口。找借口几乎是人的天性，孩子也不例外。生活中孩子常常会找出这样那样的理由和借口，来推托自己所做的事情。妈妈应及时而理性地纠正孩子这种不良的行为习惯，清除滋生"不负责任"的土壤。

● 帮助孩子认识到对他人和社会的责任

王伟是六年级一班的大懒鬼，同学们都不喜欢他，老师也对他很头疼。轮到他们小组值日时，他总是磨磨蹭蹭，敷衍了事，或者是偷偷跑掉，把活儿全丢给其他同学；班里举行春游，需要带着炊具和食材到野外去做饭，王伟专挑轻的东西拿；王伟妈妈出差时，王伟每天都不换衣服袜子，臭烘烘地就来上学了；每次交作业时，王伟不是忘了写就是没有带作业本……他的懒惰"事迹"数不胜数，大家对他都很有意见，当老师同学给他提意见时，他总是振振有词："我在家里就不干活儿，我妈妈都不让我干，说我不会做。我不会做怎么能在学校做呢？我怕事情搞砸嘛！"渐渐地，同学们都不愿意和王伟相处了，王伟变成了一个"孤家寡人"。

王伟的问题，其实不只是懒惰的问题，主要还是责任感的问题，他没有对他人对集体的责任感，因而招致同学的厌恶。当一个人缺失对他人的责任感时，就会损害别人的利益，给他人带来不便，自然就会引起别人的不快。而一个有责任感的孩子，能够深刻地体会到自己对他人、对社会的意义和价值，会具有更强的生存能力。这个世界需要一种深深的责任感，我们不仅要对自己负有责任，还要对别人负有责任，正是责任把所有的人联结在一起，任何一个人对责任的懈怠都会导致整个社会链的不平衡。所以，妈妈应该帮助孩子认识到他对他人及对社会的责任，责任感才是孩子今后在社会立足的基本点。

美国女作家，《汤姆叔叔的小屋》的作者斯托夫人有自己的教育经验，她认为，一些妈妈在对孩子进行早期教育时，只注意孩子的智力和爱好的发展，重视拓宽孩子的知识面和学习某种技能，而忽略了诸如责任心等重要品质的培养。这种做法是错误的。

妈妈要培养孩子这方面的责任感，就应该把他们放在具体的社会环境中，让他们自然地学会如何建立与他人的关系，处理好自己的事情。

从幼儿园开始，孩子们就要轮流担任老师的助手，帮助老师组织各种班级活动，以锻炼责任感和能力。小朋友也都很愿意参与，并且会为自己日渐增长的能力感到很自豪。刚开始，妈妈可与孩子一起做，让孩子当助手，分派给他一些简单的且很快就能做完的小事，让孩子从中体验到一点成功的快乐。接着妈妈应有意识地将自己和孩子的角色慢慢互换过来，同时，妈妈要教育孩子帮助别人，因为每个人都有需要别人帮助的时候。孩子有麻烦的时候，往往需要他人的帮助，同样，当别人遇到困难时，也需要孩子伸出援手，提供帮助。当孩子感受到被帮助人的感激之情时，孩子会体验到自身的价值，以提高责任感。

当孩子勇敢而积极地完成自己的任务时，妈妈要给予积极的肯定，因为妈妈的表扬与肯定会让孩子体验到成功的喜悦，树立自信心，增强其成功感和自豪感，使孩子明白自己能做很多的事、自己应该做很多事并且能做得很好。

妈妈的包办行为会使孩子失去责任心。孩子长期在妈妈全力照顾、凡事准备的情形下成长，就必然会失去自己进行计划、安排的能力和敢作敢当的勇气。要培养孩子的责任心，妈妈就要在孩子的学习、生活中纠正他的不良习惯，让孩子学会自己的事情自己做。只有懂得责任，才能具有更强的生存能力，也更能体会到自己对他人、对社会的价值和意义。

怎样训练孩子养成自己的事情自己做的习惯呢？专家建议从小事开始练习。比如，送孩子自己上学下学，如果路途远需要接送，那么至少他的书包应该由他自己来背。特别是要明确地让孩子明白学习是他自己的事，不是妈妈的事。让孩子处理自己的事情，目的就是要克服孩子的依赖性，培养其独立性，让孩子独立思考问题、独立解决问题、独立去处理自己应做的事。

在现实生活中，妈妈要试着把孩子生活中的每一项责任都放到他自己的身上，让孩子自己承担。比如，当孩子遇到麻烦的时候，你应该说："这是你自己选择的，你想想为什么会这样？"而不要对孩子说："你已经努力了，是妈妈没有帮助你。"虽然只是一句话，却反映出了不同的观念。如果你无意中帮助孩子推卸了责任，孩子将会认为自己无须承担责任，这对他以后的人生道路是很不利的。

平时，在家中应让孩子练习做自己能做的事情，如洗手帕、袜子、整理自己的小房间等。这样孩子也慢慢地学会了对自己的行为负责。孩子只有学会了对自己的事情负责，才能逐步地发展为对家庭、对他人、对集体、对社会负责。

有时候，孩子在集体中会吃点小亏，做妈妈的内心也会在爱与公平之间摇摆犹豫，但是不能因为孩子的借口而一味地迁就他的喜好，让他逃避责任。要知道，责任感是孩子今后走向社会的通行证。

放开手，让孩子为自己负责

父亲赶着马车带儿子出去游玩。在一个拐弯处，因为马车速度很快，猛地把儿子甩了出去。当马车停住时，儿子以为父亲会过来扶他上车，父亲却坐在车上悠闲地抽烟。

儿子叫道："爸爸，快来扶我。"

"你摔疼了吗？"

"是的，我自己感觉已站不起来了。"儿子带着哭腔说。

"我不会帮你的，你得靠自己站起来。"

儿子挣扎着自己站了起来，艰难地爬了上来。父亲摇动着鞭子问儿子："你知道为什么让你这么做吗？"

儿子摇了摇头。父亲接着说："人生就是这样，跌倒、爬起来、奔跑，再跌倒、再爬起来、再奔跑。在任何时候都要全靠自己，没人会去扶你的。"后来，儿子长大了，成了万人敬仰的美国总统，他就是约翰·肯尼迪。

有智慧的妈妈应该像肯尼迪的父亲学习，爱孩子并不是为孩子安排好一切，而是教他成为世界的主人，将他培养成为能够对自己负责的人。如果妈妈将一切都为孩子安排妥当，那必然使孩子失去自己组织自己生活的能力和敢作敢为的勇气，妈妈的包办只能让孩子的独立和责任意识薄弱，这样的孩子以后步入社会，生存能力也让人大为怀疑，所以妈妈要有站在一旁的态度，孩子的事情让他自己去做。

美国的家庭在吃饭的时候，也注意培养孩子独立思维的能力，孩子吃饭，必须自己决定喜欢吃什么，不喜欢吃什么，或者自己是否吃饱。如果明明没有吃饱，而是因为贪玩而不再吃饭，那么过一会儿一定会挨饿，因为那是他自己的选择，他必须要自己承担后果，真正尝到了苦处，以后才不会再犯。美国的妈妈总说，犯错误是一个不可缺少的学习过程，儿童教育学家对这一认识尤其重视。美国的妈妈相信，孩子的生活是孩子自己的生活，不管是现在还是将来，孩子只能过自己独立的生活。

　　据介绍，美国孩子很小就与妈妈分开来住，单独睡一个房间。孩子到了 18 岁时，就得自己挣钱解决生计，妈妈并不是没有钱，而是让孩子自己挣钱早日独立。美国孩子从小就经常听到妈妈的口头禅："要自己照顾好自己"，让孩子自己挣钱，是让孩子知道挣钱的辛苦和不容易，以及挣钱的价值。

　　美国的妈妈从小就注意培养孩子独立生活的能力，孩子依赖妈妈只是源于妈妈的过分帮助和保护。当孩子满怀热情，想自己动手尝试时，妈妈的一个"不"字只会打消孩子的积极性，久而久之，孩子不再想做，也逐渐地想不到去做了。如果妈妈总是习惯为孩子安排好一切，这样也向孩子传达着错误的信息，给孩子造成一种不需要自己做的印象，孩子得不到机会去学习照顾自己，依赖心理也就悄然而生。

　　那么，如何让孩子摆脱对妈妈的依赖呢？如何让孩子对自己负责呢？妈妈要做的，除了从对孩子的照顾中把自己和孩子解放出来，还需要注意哪些呢？著名的心理学家艾里克森给妈妈们提出了几点建议：

1. 鼓励孩子不断地进行尝试。比如洗衣服，有的妈妈担心孩子洗不干净，把水洒得到处都是，于是进行干涉，这样只会让孩子产生强烈的挫败感，这对孩子独立性的培养大为不利。妈妈不妨告诉孩子洗衣服的步骤和注意点，这样，孩子经过几次尝试之后，自然熟能生巧。

2. 不断强化孩子的适应能力。妈妈可以让孩子在家中做一些力所能及的事情，比如倒垃圾、叠被子、打扫卫生、洗菜等，这样能增强孩子独立做事的能力，摆脱孩子凡事都要依靠妈妈的习惯。千万不要想着孩子动作太慢，就不让他做家务，否则只会养成孩子依赖的心理，也更容易让孩子丧失对家务的参与热情和责任感。

3. 利用榜样的作用激励孩子，对孩子摆脱依赖及促进其独立自主也能产生一些积极的效果。可以经常告诉孩子一些名人独立的故事，让他从中吸取力量。在孩子做事的时候，积极地鼓励他，也能增强孩子的自信心和独立做事的热情。

每个孩子不可能永远生活在摇篮和温室中，终究是要走向社会的。而社会对人的要求是平等的，优胜劣汰是一个自然法则。自立作为孩子成长的过程，也是他们心理品质成熟和塑造的过程。所以，再疼孩子的妈妈也要放开孩子的手，让他摆脱对你的依赖，才能在更广阔的世界中发展自我，成为一个真正自立的人，他的人生只能由他来负责！

不要代替孩子选择，因为你不能代替孩子生活

　　小洁今年上小学 4 年级，学校里开设了很多特长班，例如：美术班、书法班、音乐班、体操班、舞蹈班、体育班等等，老师让孩子们根据自己的喜好和特长来参加，以丰富孩子的课外生活，并培养一些有特殊才能的孩子。小洁很想上书法班，她特别喜欢用毛笔写字，每次上书法课时她都兴致勃勃，可是，妈妈不同意她上书法班，非得让她上音乐班。妈妈说道："书法班有什么意思？学书法没有什么前途啊？还是学音乐好点，音乐特长对你长大以后有很大的帮助。""可是我还是比较喜欢书法啊，再说我 3 岁你就让我学音乐了，学了这么多年了，可以换一个了吧！""正因为学了这么久，才更不能不学呢！那不是害我花冤枉钱吗？"小洁说不过妈妈，最终她还是被逼参加了学校的音乐班，在音乐班里，有过几年学音乐经历的小洁并没有什么过人之处，她还是像以前一样心不在焉地学着音乐。

　　生活中，这种喜欢帮孩子做选择的妈妈很多。大部分妈妈在孩子的衣食住行上都倾尽全力，但却常常忽略孩子的理想、将来的人生等精神层面的问题。很多妈妈按照自己的意愿为孩子选择一个人生轨迹，无论是特长爱好，还是事业前途，妈妈都擅自

"一把抓"，自以为是对孩子负责，为孩子好，殊不知这是对孩子变相地残害。这种温柔的束缚，妨害了孩子生命的完整，每个生命都需要自由，每个人都应该学会独立。对于孩子的自由，为人妈妈者首先应该给孩子选择的自由，尊重孩子的选择，哪怕是错误与愚蠢的，因为每个人都希望自己有选择的权利。

有些妈妈会让孩子象征性地进行选择，但由于附加了苛刻的条件，孩子也相当于没有选择了。这种没有选择余地的选择被管理家西蒙讽刺为"霍布森选择"。

1631年，英国剑桥商人霍布森做马匹生意，他对人们说："我的马，无论是买是租，随你们的便，价格都很便宜。"

他马圈的马匹很多，但马圈只有一个小门能出去。高头大马出不去，出去的都是瘦小的马。买马人左挑右选，却总是瘦马或小马，因为选择只能在门口进行。

人们无法通过自己的对比和判断来主动地进行选择，而去被动地接受那些没有选择余地的选择。

现实生活中，妈妈们不仅会让孩子没有选择余地，甚至会使用命令的方式，强制性地要求孩子什么可以做，什么不可以做，让孩子陷入无奈的境地，导致他们更多的反抗。对于孩子自己的事情，妈妈要想法给予引导，将自己的要求隐藏在得体的语言引导上，让孩子看清楚事情的真实面貌，进而做出正确的选择。如果妈妈在自己的要求中带有尊重，维护孩子的自主性，给孩子自由选择的权利，孩子对妈妈的反抗就会少一些。

实际上，每个孩子都有自我管理和教育的潜在能力，妈妈给予孩子的机会越多，孩子就会成长得越快、越健康。替孩子选择，不如让他自己来选择。

在日常生活中多给孩子做选择或决定的机会，也有助于使孩子成为有主见、对未来充满信心的人，比如孩子到商店买什么衣服，选择什么玩具，送给朋友什么礼物等小事，可以让孩子自己去做决定，这样他会很高兴，主动性变强，他会逐渐变得果断起来。

此外，给孩子参与家庭会议的机会，妈妈在谈论家庭事务时，可以有意识地问孩子："你觉得这个建议好不好？""你认为这些东西该不该买？"等问题，久而久之，孩子必然会成为一个有主见的人。

如果不想让孩子留有遗憾，就给孩子自由选择的权利吧，你能代替他做很多事，但是不能代替孩子生活，让他们自由地选择如何处理自己生活中遇到的各种状况，妈妈要做的事是以自己的经验去给孩子一些建议，仅此而已。

第八章

舍得让孩子受挫，经历风雨的苗才能长大成树

● 不放手让孩子面对挫折，等于让孩子失去适应环境的能力

　　飞飞是家里的独生女，从小被当成小公主养着，妈妈的心思全放在她身上，所有的事都帮她做，更不会让她受一点儿委屈。所以飞飞从来就习惯了"饭来张口，衣来伸手"的生活，而且在妈妈的照料下，没有什么困难需要她去克服，生活舒适极了！

　　而今年，飞飞升入了寄宿制的初中，一离开妈妈的照顾，她就完全不适应了。首先，她不会自己系鞋带，每天早上学校都要早锻炼，要穿球鞋，她都要系很久鞋带，因为是胡乱瞎弄上的，所以鞋带经常散开把她绊倒；其次，学校里的食堂要求学生吃完饭后，要将自己用过的快餐盘洗干净还回去，而飞飞不会洗，她经常因为洗不干净被退回去重新洗；还有，初中的课程难了很多，飞飞有的学不懂，以前都是妈妈手把手交，但现在没有人这样教了，她也不会主动去问老师同学，只好这样拖着了，而不懂的内容越来越多……

　　和上文中的飞飞一样，现在的孩子大多数是独生子女，在他们身上集中了好几代人的希望，受到好多人的关注，很多妈妈无条件地满足孩子的要求，让孩子很容易就得到了许多物质享受，根

本不懂得什么是苦，什么是累，不懂得什么是困难，什么是挫折。其实，孩子总有一天要离开父母，走向社会，面对生活，为了孩子健康地成长，妈妈应该让孩子知道什么是苦，什么是累。努力培养孩子适应各种环境的能力，使孩子从小具有良好的意志品质。

大人总是担心小孩子没有能力去解决困难，因为过度担心而把孩子封闭保护起来，其实，孩子远比你想象中承受能力强，因为每个人天生就有适应环境、面对挫折的能力。这就是心理学上所说的"自适应心理"，它是指人们自我调节，应变适应环境的能力。这种能力与生俱来。保加利亚学者佩尔努曾做过一段描述："婴儿被相当于20公斤的力，从温度为37度的温暖母体腹水中被抛了出来。在那个环境中，他像宇航员处于无重量的状态，现在来到空气温度为20度左右的寒冷环境中，而且在这个环境中还必须呼吸。"从他的这段论述中，我们不难看出，新生婴儿从脱离母体的那一刻起，就已经用他天生的自适应能力来积极回应母亲子宫之外广阔的生活。他不仅能够适应这种内外温差，而且很快便开始在这种环境中健康成长。接下去，他会积极地适应家庭生活，以后还要适应复杂的学校生活，继而要适应更复杂的社会生活。

孩子不仅天生能够自我调节，适应外界环境，而且也确实应该主动去适应，这无疑对他们的未来产生极大的推动作用。心理学家认为，那些自适应心理素质好的孩子，对未来有着强烈的求知欲，他们会有选择地接受未来发生的事情，理智地分析生活中的变化。他们有主见，不盲从，明白想要的未来轮廓。因此，他们能够用"未来"的要求来规划自己的行为和思想，不断地为成长增值。

在孩子向尚未经历过的事情挑战时，一般会饱受失败的折磨。不过，忍耐这种痛苦也是一种必需的经验。如果妈妈总是为孩子提供"善意的帮助"，剥夺孩子独立的处事能力，那么孩子长大后势必无法把握自己的生活。妈妈不如放开手，让孩子去接受挫折的存在。孩子在这个过程中，会调用内心深处的"自我帮助系统"来协助自己处理挫折与失败，从中得到各种各样的处理事情的方法。从而使稚嫩的"羽翼"渐进丰满。

一定程度的挫折，可以激发人克服困难的勇气和力量，如果妈妈剥夺了孩子应对挫折的机会，不仅不利于孩子良好意志品质的形成，还可能会使孩子长大后难以适应复杂的社会生活，产生自卑、抑郁、厌世等不良心理。因此，妈妈们一定要认识到，要想让孩子健康地成长，在竞争中立于不败之地，必须对孩子进行挫折教育，让他们自小接受艰难困苦的磨炼，教会他们敢于自己面对挫折，不怕失败，以培养他们坚忍不拔的意志和毅力。

● 舍得让孩子去吃苦

据说在日本的北部生存着一种狐狸，当母狐狸生下幼崽后，狐狸家庭的生活是充满温馨和幸福的。狐狸崽儿刚开始蹒跚学步，狐狸妈妈便会迫不及待地教它们如何捕猎食物，再稍大一点，狐狸妈妈便狠心地把小狐狸咬走，逐出家门。当依恋家庭温暖的小狐狸偷偷地回家时，狐狸妈妈便会毫不嘴软地再咬，哪怕咬得鲜血淋漓，伤痕累累，也绝不容许它们返回家门。狐狸妈妈深知，小狐狸不可能靠自己养一生，在激烈的生存竞争中，只有学会高强的生存本领，长大才会潇洒自如地生存下去，而高强的生存本领只能靠从小锻炼才成。

无疑，狐狸妈妈的教子方法是很聪明的，大狐狸狠心地把小狐狸咬出家门，让小狐狸在吃苦中成长，久而久之，锻炼出小狐狸较强的生存能力。事实上这正应了我们中国的一句古话："庭院里训不出千里马。"为了孩子能成为"千里马"，妈妈千万别把"小马驹"圈在庭院里保守地"饲养"，而应该让他们冲出庭院，到艰苦的环境中修好另外一门必修课——吃苦。

但是，"谁舍得孩子吃苦？"这种思想，存在于万千中国家庭，尤其是城市家庭中。由于只有一个孩子，很多家庭普遍存在6个大人（爷爷奶奶、外公外婆、父母）关注一个小孩的情形，长辈把所有的"爱"都倾注在一个孩子身上，不让他饿着、不让他冻着、不让他为家庭分一丝忧，只需他按照家庭的规划、要求上好学。这些孩子在养尊处优中度过自己的童年与少年时代，完全不识苦滋味。

可是，即使是温室里的花朵，他们也会遭遇成长过程中的寒风冷雨。当他们能够勇敢面对的时候，他们便会获得成功；当他们在困难面前一蹶不振的时候，就失去了继续向前的勇气。伟大的发明家爱迪生说过，厄运对乐观的人无可奈何，面对厄运和打击，乐观的人总会勇敢地迎接！而要让孩子能够乐观地勇敢地面对挫折，妈妈就要"舍得让孩子吃苦"。就算生活条件再好，吃苦成长也是一种必然，尤其是在竞争日益激烈的社会，作为孩子的妈妈，还是需要对孩子进行一点吃苦教育的。在这一点上，中国的妈妈可以像美国的家长学习。

美国家庭，无论多么富裕，也十分舍得让孩子"吃苦"，不让孩子"炫富"。一些"富豪"，平时给孩子很少的零花钱，反而鼓励孩子去海滩为别人抹防晒霜、在街边为他人擦皮鞋挣零花钱，这种"教育"，不但培养孩子的自立意识、自立能力，而且，更让他们懂得劳动没有高低贵贱，每个人人格平等，靠自己的劳动获得回报是值得尊敬的，把依靠父母生活视为不耻。世界巨富比尔·盖茨和巴菲特把他们自己绝大多数财产捐献给了社会，比尔·盖茨说："我不会给继承人留下很多钱，因为我认为这对他们没好处。"巴菲特也认为："我希望我的3个孩子有足够的钱去干他们想干的事情，而不是有太多的钱却什么都不做。"

知心姐姐卢勤说过："吃苦是一种心理承受力。"人在艰苦的环境中，战胜的不是环境，而是自己。21世纪是充满竞争的世纪，要做到敢于竞争、善于合作、富于创造，就必须从小加强心理素质教育，着力培养品格健全、意志坚定的精神。

过于平坦的路途练不出好的赛车手，妈妈在孩子的成长过程中要让他们吃点苦，这样他们才能够有承受挫折的能力。在孩子成长的过程中，适当让孩子吃点苦是好事儿。但是很多妈妈都舍不得让孩子接受吃苦锻炼。有些妈妈总是给孩子准备最好的食物和衣物，为孩子提供最好的生活条件。妈妈们都认为孩子要星星就一定要给他星星，要月亮就一定要给他月亮，自己辛苦一点没有关系，但是绝对不能委屈孩子，其实这样的妈妈是不明智的。一旦妈妈的所作所为让孩子感到理所当然了，孩子就不会再有感恩之心了。尽管妈妈为孩子付出了很大的代价，但孩子会觉得这一切都很容易，他会认为这是本来就应该拥有的。

所以，在某些时候，妈妈应该学会给孩子创造一些吃苦的环境，让他们学会吃苦，给他们一些经受挫折的机会。妈妈应该让孩子争取自己所需要的东西。当孩子通过努力获得他所需要的东西时，他才会知道在妈妈的爱和保护下是幸福的。

● 积极认同孩子的挫败经历

霍英东找到的第一份工作，是在一艘旧式的渡轮上当加煤工。可是他的身体实在太单薄了，顾得上铲煤就顾不上开炉门，刚上班就被辞退了。不久，霍英东找到了第二份工作，日本占领军扩建启德机场，需要大量劳工，但工资非常低，每天只给半磅米和7角5分钱。而霍英东从他家所在的湾仔乘车到机场，路费就得要 8 角钱！霍英东没有办法，只好多吃苦步行，省下这笔交通费。他每天天不亮就起床，步行赶到码头，花 1 角钱渡过海，然后骑车赶到机场上班。劳工们干的都是苦力活，挖石抬土，消耗很大，但食物却很少，一天只能吃到 1 碗粥和 1 块米糕。霍英东总是感到又累又饿。有一天，工头让他去搬重达 50 加仑的煤油桶，结果被砸断了一根手指！工头也是中国人，出于同情，把霍英东调去学做汽车修理工。可是没过多久，喜欢冒险的霍英东自己试开汽车，结果把车撞坏了，又被炒了鱿鱼。

对于霍英东经历的这一切，母亲从来没有责备过他，而总是极力鼓励和支持，使得霍英东有了继续奋斗的勇气和信心。经历了无数挫折和艰苦，霍英东，最终成为人们眼中的超级成功人士。他是国际著名的房地产产业的巨头，亿万富翁。由他创办的霍兴业堂置业有限公司，现设有"有荣公司""立信置业""信德企业"等 60 多家公司，拥有香港建筑所必需的国产海沙的输港专利权，形成了一个遍布海内外的庞大工商业体系。

霍英东之所以能够取得成功，不仅仅是因为他有一个聪明的大脑，合适的机遇，还跟他个人的努力分不开。但是最重要的还是妈妈对他的支持，对他挫败经历的认同和鼓励。

不少妈妈认为，儿童年龄小，心理承受力差，只能接受良好的环境，并且以为"挫折"只能给孩子带来痛苦和紧张，所以把挫折看成是有百害而无一利的事情。这种观念成了他们对待孩子的态度，也会间接地影响孩子的发展。其实，让孩子从小就遭受一些挫折是很有好处的。作为孩子心目中偶像的妈妈，应正确地看待挫折的教育价值，把它看成是磨炼意志、提高适应力和竞争力的有力武器。

妈妈可从以下几个方面提高孩子承受挫折的能力：

1. 树立孩子的自信，给予其克服困难的勇气。生活不是理想中的世界，生活中充满失败与挫折，应该让孩子从小就懂得这一点，并培养他们在失败与挫折中奋进的勇气。妈妈可以通过古今中外许多历史人物或现代成功名人的例子，让孩子知道"失败"并不可怕，可怕的是一蹶不振和永远地放弃自我。要让他们从小知道，失败并不可耻，只要肯努力，总会成功的。

2. 教育孩子坦然面对挫折。有道是"人间没有不凋谢的花，世上没有不曲折的路"。妈妈要教育孩子坦然地面对挫折，把挫折看作是前进道路上必经的关口，从而增强心理的韧性。同时妈妈还要指导孩子调整努力的目标，扬长避短，努力发挥自己的优点和长处。

3. 有意设置障碍，培养抗挫折能力。任何人的成长都要经历无数的挫折。如果孩子总是一帆风顺，那么一旦遇到困难，就会情绪紧张，束手无策。因此，妈妈在平时应有意识为孩子创设挫折情境，为孩子打下勇于面对困难的预防针，让他获得应对挫折的适应能力。比如妈妈可以让孩子负责去做某件事情等，但要注意，障碍设置难度要适中，否则屡次失败，容易引起孩子的自卑。

4. 及时疏导，正确应对挫折。当孩子真的遇到挫折时，妈妈不能置之不理，采取"无视"的态度或者指责、谩骂孩子，而应帮助孩子认真分析挫折产生的原因，采取正确的方法战胜挫折。同时还应让孩子认识到挫折本身并不可怕，最重要的是要敢于面对挫折。因此，妈妈在孩子遇到挫折时，适时地扶他一把，给予鼓励，才能帮助孩子学会忍受暂时的焦虑与不安，加强对困境和压力的容忍力，并且有信心和方法去克服困难。

挫折是人生的一部分，接受它，就是接受成长。所以，妈妈要认识到，孩子一生中不遇挫折是不可能的，要想让孩子在竞争中立于不败之地，必须对孩子进行挫折教育，在适当的环境下放开手脚，留给孩子一个生活自理的空间，让他在摔倒中逐渐增强抗挫折的能力；使孩子能始终保持积极心态，形成执着的品性。

● 不害怕孩子失败，教孩子正确面对失败

孩子在学习过程中遇到失败是难免的，而面对孩子的失败，往往最难受的就是妈妈，他们对孩子的失败比对自己的失败更加痛苦，有些妈妈往往采取掩盖和安慰的方法去让孩子逃避失败。殊不知，她们这种害怕孩子失败的心态，可能会导致孩子一蹶不振，毁了孩子的未来。

每个孩子都渴望成功，但由于年龄小、能力有限、经历和经验缺乏以及各种因素的影响，难免会遭受失败和挫折。一次小小

的失败，对成人来说是微不足道的，对孩子来说却是一个不小的打击。

在我们的生活中，有许多这样的孩子，他们本来拥有聪明的头脑，以前也曾是全班甚至全校的尖子生，但往往因为一次考试不理想或是老师某一句话对他的打击，就变得消沉起来，学习成绩下降、上课精力不集中，甚至是逃学。

在这种心态的影响下，这样的孩子就可能变得精神萎靡，消沉慵懒，做事没劲头，完全一副颓废的模样。这种心态如果得不到调整，他的一生就只能是碌碌无为，不敢面对一点困难。

凯丽是小学生，新学期刚开学时，他们班开展了"一帮一"活动，凯丽的任务是帮助一位考分总在 60 分上下的男生。

班里只有 10 个人被分配了任务，刚接到这个任务的时候，凯丽又得意又紧张。她对这个任务很上心，每天一放学，她就留在班里帮那个男同学解答难题，回家后还不忘打电话提醒那个男同学背单词。

可是这个学期快结束了，那个男孩的各科成绩还是在 60 分左右。因为这个，老师在班会上当着全班同学的面批评了凯丽，说她没能帮助同学共同进步。在随后改选班干部时，当了 1 年多小队长的凯丽落选了。

这件事对凯丽的打击很大，她哭着对妈妈说不想在这个学校读书了，想转到别的学校去。妈妈对她说："妈妈知道这件事情你受委屈了。"

听了这话，刚刚忍住不哭的她眼泪又落了下来。妈妈接着问："告诉妈妈，你尽最大努力了吗？"凯丽使劲点了点头。

"这就可以了，你要知道，世界上很多事并不是你尽力了就一定能成功的。但只要你尽最大努力就可以了。"这以后，凯丽深深记住了"凡事尽最大努力就好"这句话。

现在妈妈们面临的最大挑战，就是如何面对孩子的失败而仍然有信心去鼓励和支持他。每个妈妈都希望孩子能获得更多的成功，从中体验竞争和胜利带来的快乐。但是，任何成功都来之不易，需要不断进取和努力，更需要面对挫折和困难。

还有些妈妈喜欢对孩子使用空洞的说教，比如"失败是成功之母""不吃苦中苦，怎做人上人"等这样的语言，一来没让孩子得到真实的体验和帮助，二来孩子也无法理解其中真正包含的意义。

正确的做法是和孩子一起分析失败的原因，帮助孩子认识到哪些导致失败的原因是自己可以改变的，哪些是改变不了的。

很多时候，给孩子带来最大打击的往往不是失败本身，而是他对失败的理解。作为妈妈，帮助孩子正确面对失败很重要。一般可以这么做：

1. 妈妈应尽早训练孩子正确对待失败。妈妈要告诉孩子失败在人生的道路上很难避免，让孩子在思想上要有准备，如果准备好，失败就会小，即使遇到失败也容易承受，将失败的损失降到最低程度。鼓励孩子勇于承担风险，如果孩子总是躲避风险，他就会缺乏自信心，因为躲避风险会使他无法获得真正成功的感觉。那么，就鼓励他去做以前从未做过的事，在成功中寻找自信。对孩子的尝试要多加赞扬。

2.防止孩子的消极态度。有的人在失败后，消极、颓废、自卑、沮丧，从此一蹶不振，失去对生活的希望，或引起不恰当的对抗行为等，这是对待失败的消极态度。妈妈应教育孩子防止这种消极态度，以积极态度来对抗消极态度。如果你的孩子在某一件事上失败了，绝不能责怪他、讽刺他，更不能嘲笑他，而要安慰他、鼓励他、开导他，激起孩子重新奋起的决心和自信心。

3.教孩子变失败为成功。如果能从失败中吸取教训，砥砺人的意志，就能使人更成熟、坚强，激励人从逆境中奋起。妈妈训练孩子正确面对失败，就是使孩子勇敢地面对失败，变失败为成功之母。

4.告诉孩子不必太在乎外界评价。应该告诉孩子，谁都不可能总是在辩论会上得第一名，也不可能总是得奖章。要让孩子知道，就是在没有外界奖赏的情况下，他也应坚定地走自己的成功之路。

● 因材施教，给孩子一个遭遇挫折的机会

一位美国儿童心理学家说："有十分幸福童年的人常有不幸的成年。"很少遭受挫折的孩子长大以后会因不适应激烈竞争和复

杂多变的社会而深感痛苦。孩子早晚都要自己面对激烈的社会竞争，而许多妈妈却不敢把孩子放出去，怕他们经验不足，怕他们上当受骗，什么都不敢让孩子自己去做。这样做的结果是孩子的心理承受能力相当脆弱，经不起一点挫折。

现在很多家庭都是只有一个孩子，所以妈妈们就把孩子当作掌上明珠，不肯让孩子吃一点苦。他们千方百计为孩子打点一切，使孩子生长在非常安逸的环境下，孩子在成长中很少或根本就没遇到过挫折，表面上一帆风顺，其实非常危险。孩子没有机会经历挫折，严重缺乏抗挫的能力和经验，一旦遭遇困境就会引发种种问题……

孩子应付挫折的能力与素质，只有在挫折中才能锻炼出来，任何理论的说教都不可能产生好的效果。因此，妈妈要适时地为孩子提供适度的挫折情境，从而让孩子从挫折经历中学会应付挫折的方法，增强耐挫力。

6岁的豆豆活泼可爱，由于她的妈妈是她所在幼儿园的教师，所以她在上幼儿园期间一直被老师"特殊照顾"，没有经历一点点挫折。可是当她结束幼儿园的生活进入学前班以后，因为没有了以往的"特殊照顾"，她便产生了一种失落感。

生活中，还经常出现这样的现象：如果孩子第一次系鞋带的时候打了个死结，妈妈们便不会再给孩子买有鞋带的鞋子；如果孩子第一次洗碗的时候弄湿了衣服，妈妈们就不再让孩子走近洗碗池。这样的孩子永远也学不会系鞋带，学不会洗碗。他们长大

抑制自"操纵"，孩子更优秀

后遇到困难也会想办法绕开，因为他们没有学会克服困难的方法。

其实，孩子这种脆弱的心理，与妈妈的教育方式有着密切关系。由于现在的孩子大多是独生子女，爸爸妈妈生怕委屈了孩子，在很多事情上都小心翼翼。孩子能做的事不让做，孩子能参加的活动不让参加，长此以往，孩子好奇、好玩、敢于冒险的天性慢慢被泯灭，养成了胆小和懦弱的个性。

同时，妈妈的纵容娇惯磨灭了孩子的坚强意志。比如孩子摔倒了，妈妈赶紧把孩子抱起来一味地怨天怨地；孩子在学校摔破了皮，有的妈妈会不惜一切代价去"讨个说法"……妈妈的娇惯使孩子根本不知道什么是苦、累，什么是挫折，斗志在慢慢消磨，稍遇到一点挫折就不知所措，甚至意志消沉。

心理学研究表明，有两种人能经受考验：一种是在逆境中成长起来的人；另一种虽没有逆境可言，但从小受过良好的教育，心胸开阔，有坚强的个性。现在的孩子由于生活条件的改善，大多没有逆境。要想让这些孩子成材，让他们学会正确地应挫，便成了挫折教育的重点。

时下，妈妈们更多地关注孩子的早期智力开发，而较为忽略非智力因素的培养。大多数孩子"娇""骄"二气严重及阳刚之气不足，很大程度上是由于对他们性格、意志等非智力因素引导训练不足而造成的。

所以，妈妈必须适当地对孩子进行"逆境教育"，有意地创设一些困难与挫折的情境，或提出一些严格的要求，使孩子得到情感、意志与适应性的训练。可以试着把这种"挫折教育"深入到孩子的游戏中进行，并作为妈妈对孩子教育的一大指导思想与内容。

孩子克服困难需要妈妈的鼓励和支持

当孩子处于挫折中时，不仅要鼓励他，使他拥有战胜挫折的力量与勇气，而且要告诉他：当自己力不能及的时候，最好积极调动别人帮助自己。要么是寻求妈妈的帮助，要么找其他朋友，甚至是找陌生人。在这个过程中，孩子不仅战胜了挫折，而且他会懂得如何与他人交流，懂得如何体谅与关怀别人，如何增强团队凝聚力。

所以，作为妈妈，既不可对孩子过分溺爱，更不能对孩子放手不管，唯要善于引导，及时指导以及在必要时的帮助和鼓励，才能促使孩子鼓起勇气，正视面前的困难，从而勇敢地去克服它。理智的爱，可以使孩子紧张的情绪得以松弛，可以使孩子增强与困难拼搏的勇气；妈妈的关心、同情，能够帮助孩子渡过难关。孩子在慈爱而不是溺爱，严格而不是严厉，诱导而不是包办的环境中生活，会得到莫大的安慰和力量，激发起正视困难的勇气。反之，如果没有妈妈的鼓励、引导和帮助，孩子遇到困难后，感到孤立无援，往往会表现出沮丧、恐惧、萎靡不振，并想躲避困难。

妈妈和孩子诚挚坦率地交谈，有利于孩子树立信心，战胜困难。交谈，可以使双方更加了解，做到知己知彼。孩子从小就与妈妈在一起，每天都有机会进行语言交流，妈妈要抓住时机，多和孩子推心置腹地谈论周围发生的事情，讨论遇到的问题。成人的观点，会使孩子耳濡目染，在不知不觉中受到熏陶。如果孩子遇到困难，他们首先就会想到有妈妈的关心和支持，继而勇敢地把自己的见解大胆陈述出来，而妈妈给予恰如其分的同情和开导，引导孩子用正确的途径去解决困难，那么，孩子会从小树立战胜困难的信心。

有的孩子在逆境中易产生消极反应，往往会垂头丧气，采取退避的方式。要改变这种现象，就必须在孩子遇到困难时，教育孩子要采取正确的态度，勇敢地向困难发起挑战。例如，当孩子登山怕高、怕摔跤时，妈妈就应该鼓励孩子说："别怕，你行的！摔一跤算什么！""你真勇敢！"许多小女孩害怕走平衡木、害怕游泳时，妈妈就应该鼓励孩子说："别怕，你准行！"孩子走路不稳摔倒了，应自己爬起来，妈妈尽量不去拉扶和安慰，这样，孩子就会逐步树立起信心，努力地去战胜困难。当孩子一次次战胜困难时，他们便会增添勇气，激起对战胜困难的愿望，害怕的心理就会消失，自信心就会增强，这时孩子会对自己说："我行。""我可以。"

依依是一个五六岁的孩子。有一次，她在外面玩的时候，一不小心，被一块石子绊倒了，大概是太疼了，她趴在地上放声大哭。她妈妈想过去扶她，但是想了想，还是把心狠下来，只是走到依依跟前，蹲下来鼓励她："宝宝，自己爬起来，好吗？你真勇敢！"依依终于自己爬起来了，妈妈仔细一看，孩子的膝盖被石子磕破了，血珠渗了出来。那一刻，妈妈的心很疼。不过，看到依依脸上的坚毅表情，妈妈觉得自己的狠心很值得。因为她相信这件事让依依承受挫折的能力更强了。

正如这个例子里的妈妈一样，妈妈要以信任和鼓励的态度，引导孩子独立解决困难。信任和鼓励，是刺激孩子奋发进取、战胜困难的有效方法，而且会使孩子身心愉悦。谁都明白，一名运动员在最后的冲刺阶段，往往会在观众的叫喊加油声中，创造出优异的成绩。教育孩子也是如此，当孩子遇到困难解决不了时，妈妈切忌采用不闻不问、讽刺嘲笑、过多的批评、大声呵护和粗暴责问的方式，这会使孩子精神更加紧张，不仅不会缓解孩子沮丧的情绪，反而会使孩子感到束手无策，从而失去解决困难的勇气和信心。

● 给孩子"挖坑"，让他成长加快

四十得子的一对农民夫妇对儿子非常宠爱，儿子要风得风，要雨得雨，从小便爱发脾气，做事却毛毛糙糙。

儿子上学了，从来也不知道爱惜衣服，回家时不是弄脏了衣服，便是把书包忘在田里，回家后就只知道哭鼻子。母亲即使每天跟在他身后，也没有办法。

一天，父亲拿着铁锹，在儿子回家的必经路上挖了很多坑，又在坑上搭起一座座独木桥。孩子回家时，走到桥边，不知所措。田野里没有人，只有风从树林中吹过，孩子想哭，却不知道哭给谁听。没有后路，孩子只好小心翼翼地走上桥，他胆战心惊地走过一座座独木桥后，学会了认真对待小桥。

回家后，孩子得意扬扬地告诉父母当天的经历。母亲不理解。父亲解释说："他走在平坦的大路上，当然不会注意脚下，现在路途艰险，他自然会集中精神走好路了。"

这是个聪明的父亲，他明白孩子如果从小能经历挫折，那么他长大后，就不会轻易被困难打倒。

费烈德先生是一位著名的外科医生，他发现一个奇怪的现象：病人患病的器官并不像人们想象的那样糟，相反在与疾病的抗争过程中，这些器官为了抵御病变，在与病毒的斗争中，功能反而不断增强。他在给一些美术学院的学生治病的过程中，又发现了一个奇怪的现象，这些搞艺术的学生的视力大不如他人，有的甚至还是色盲。后来，他把自己思维的触角延伸到更为广泛的社会层面，发现了这类现象很普遍。于是，他提出了心理学上的一条定理——跨栏定理，即挫折越多，人的成长就越快。日本本田机车创始人本田宗一郎说过："世上的人都知道我的成功，其实都不知道我有99%是失败的，开始搞本田机车，就是搞摩托车，差点做不下去。今天我成功了，那些人只看到我1%的成功，却没有看到我99%的失败"。

许多人的伟大，都来自他们所经历的大困难。而很多具有"大有作为"才智的人，由于一生中没有同逆境搏斗的机会，没有经过苦难的充分磨炼，潜能难以发挥出来，从而终生无所作为。

逆境不是我们的仇敌，实际上却是我们的恩人。逆境足以燃起一个人的热情，唤醒一个人的潜力而使他达到成功。凡是环境不顺利，到处碰壁的青年，往往日后会有出息，而那些从来没有遇到困境的人，却常常"苗而不秀，秀而不实"。同时，逆境也是心灵的刺激品，可以锻炼我们的身心，使得身心更坚毅、更强固。

身为教育孩子长大成人的妈妈，你必须知道，孩子在成长的道路上，不可能是一帆风顺的，成功往往是与艰难困苦、坎坷挫折相伴而来的。未经锻炼的翅膀难以搏击人生的风雨，难以在未来的竞争中取胜。要想让孩子成长更快，拥有更强的竞争力，妈妈必须让孩子自小接受艰难困苦的磨炼，让他们学会勇敢面对挫折，锻炼出自己不畏艰难困苦的勇敢精神。

其实生活中会存在大大小小的逆境，都可以磨炼孩子的意志和毅力。但如果有些孩子十分聪明，加上家庭环境优越、经历比较单纯等因素，在生活中遭到挫折的机会可能很少。这种一帆风顺的生活一旦发生变故，可能会造成孩子一蹶不振，对生活失去信心。对于这样的孩子，妈妈应有意地设置一些障碍、制造一些挫折，以训练其对逆境的忍受力，更好地发展其适应能力。比如，可以选择一些有难度的竞争让孩子去参与。孩子可能费了很大的劲却无法获胜，但在遭受挫折的同时，孩子也增强了能力，丰富了经历。这对于培养孩子抗击挫折的能力是很有帮助的。

在孩子经历挫折的过程中，妈妈要引导孩子用正确的态度应对挫折，使之长久地保持"我一定能把困难搞定"的热情和信心。对于在生活中遭到的挫折，妈妈要帮助儿子总结，以便从中学到一些经验和教训，为其以后所用，帮助他不在同一个地方再跌倒。倘若做到这点，"跤"就不算白跌，挫折才真正是孩子的一笔财富。若孩子能把总结经验养成习惯，日后的挫折必将越来越少。

● 给孩子苦难，让他品出其中的甜

对于苦难，每个人都会有一种不由自主想要逃避的心理，殊不知，经历了苦难之后的生活才能更甜，而在所有成就面前，苦难也是值得骄傲的。所以，交给孩子品尝苦难的本领，他才能够明白究竟什么才是真的甜。

"逾越节"是为了纪念摩西带领犹太人出逃埃及而设立的，通过讲祖先的艰难历程和吃特殊的食品，进行忆苦思甜和认识生命的艰难。在逾越节的时候，每家桌上都会摆着三块无酵饼、五种食物和四杯酒，当然，这些食物都具有各自的寓意。

先说三块无酵饼，当年犹太人逃离埃及时，来不及准备路上的干粮，只能吃不发酵的饼，三块的说法是为了纪念犹太人的三位祖先。

五种食物是：烤羊腿、烤鸡蛋、哈罗塞斯、一碟苦菜、一碟盐渍芹菜。烤羊腿是"逾越节"的祭品，犹太人失去圣殿后，无处献祭，于是就在宴席上用烤羊腿（或烤肉）代替。烤鸡蛋，逾越节的鸡蛋是烤的，烤的蛋很坚韧，很难咬碎，犹太民族就像烤的蛋，受的苦难时间越长越坚强，就像烤蛋烤得越久越坚硬一样。哈罗塞斯，这是一种水果、香料和酒混合的食品，呈泥状。以色列人在出埃及前，法老为难他们，命他们做砖，又不给草料，借此责打他们，哈罗塞斯让人想起做砖的泥。一碟苦菜，是纪念犹太人在埃及受的苦。一碟盐渍芹菜，犹太人出埃及时，喝过红海带苦涩味的海水，是盐渍芹菜，意思是要犹太人永远记住出埃及之苦难。

再说四杯酒，逾越节家宴的程序由四杯酒串联，中间会讲一些有关犹太人出埃及的故事，这些故事不仅说明逾越节上所有食品的含义，还讲述了犹太人在埃及所受的主要苦难和出埃及的艰辛旅程。

著名哲学家斯宾诺莎从小就受到这样的教育，父亲讲述犹太人苦难的历史，这在斯宾诺莎幼小的心灵中留下了深刻的印象。

童年的斯宾诺莎常常一个人站在犹太怀疑论先驱阿古斯塔的坟墓前凝神冥想，一种为真理而献身的热望油然而生，这种热望也紧紧伴随了他一生。

不仅仅犹太人对苦难有深刻的认识，中国的圣人们也大多受到过苦难的教育和熏陶。

《论语》中孔子讲过一段话："吾少贱也，故多能鄙事。君子多乎哉？不多也！"意思是说：我的童年是很苦、很卑贱的，所以会干许多下贱活儿。那些养尊处优的上等人（君子），能有这么多本事吗？不能吧！易中天在《先秦诸子百家争鸣》一书中讲《实话孔子》时说："许多人只知道孔子是个大圣人，不知道他小时候是个苦孩子。事实上，为了谋生，孔子当过季氏的家臣，看仓库，喂牲口，做会计，一步一步升上去，有机会就学习，终于自学成才，成为当时顶尖的大学问家。"易中天认为孔子做学问能够融会贯通，古为今用，很大程度上与他懂得民间疾苦，懂得世事艰难，曾经亲身实践有关。

所以说，苦难是人生的必修课，也是人生的一笔财富。它能磨炼人的意志，让人和善，让人坚强，让人奋斗。经历过苦难的洗礼，孩子才会更加珍爱生活，珍惜生命，因为苦难让他们懂得生命的价值，让他们对生活的认知更多。因此，要想让孩子将来有一个辉煌的人生，就必须让他们从小经受苦难的洗礼。妈妈应该试着给孩子苦难，才能让他真正强大。

让孩子知道生活的艰辛

让孩子从小适度地知道一点忧愁，品尝一点磨难，懂得生活的艰辛对孩子来说不是什么坏事，这是为孩子的长远利益考虑，同时，对培养孩子的承受力和意志，对孩子的健康成长或许更有好处。

俗话说："穷人的孩子早当家。"要让孩子了解点家情，让他知道你在做什么样的工作，从而学会体谅大人持家的不易。现在的社会，由于企业经济的不景气，妈妈下岗已成为一个社会问题。妈妈就更应让子女了解自己的家庭情况，甚至是经济情况，让他知道妈妈工作的艰辛。

即使你是一个清洁工，也应该明明白白告诉你的孩子，不必有任何的自卑，不必怕孩子知道了在同学面前抬不起头来。有必要的话，做妈妈的还可以带自己的孩子去看看自己的工作环境与工作情况，让孩子目睹你工作的辛苦与劳累，告诉孩子这样做一天可以赚多少钱，让孩子更懂得珍惜所拥有的一切，这不是一次活生生的教育吗？

张曼曼是小张村张思田、王桂英夫妇12年前领养的一个女儿。就在抱养张曼曼2年之后，69岁的张思田便相继得了肺炎、肺心病、心脏病、脑血栓等多种疾病，丧失了劳动能力，已经有10年的时间没有迈出自家的大门，常年靠药物来维持生命。

由于张思田失去了劳动能力，家中的6亩责任田退掉了5

亩，只留下 1 亩地由张曼曼和母亲耕种。张曼曼的母亲王桂英今年已经 71 岁，患有脑血栓和胃炎，张曼曼便挑起了支撑这个家的重担。

张曼曼家的收入主要来自她耕种的 1 亩地和她养的 18 只鸡下蛋卖的钱。

另外，王桂英与张曼曼母子俩捡破烂也是这个家庭一项重要的经济来源。由于王桂英年龄大了，走不远，每次捡到的只是一些农药瓶、塑料布，一个月下来还卖不了 20 块钱。平常家里吃的菜基本上是靠张曼曼放学后在村内集市上捡来的菜叶子。

为了能省一点钱让张曼曼上学，张思田现在吃的药基本上全是王桂英老人自己拿着样品到田地里去挖，实在挖不到的才到药店里买一点。

无论生活多难，张思田、王桂英夫妇还是让张曼曼和村里的其他小伙伴一样按时上了小学。"穷人的孩子早当家"，别看张曼曼只有 12 岁，但是地里种、收、管理，张曼曼样样在行。

由于家中没有牛耕地，她就用小铁锨翻；锄地拿不动锄头，她就用镰；家里没有钱买肥料，她就去拾粪。为了做到干活学习两不误，张曼曼每天早上 5 点钟就起床开始做作业，做完作业再到 2 里外的地方用脚蹬三轮车拉水，然后做饭、喂鸡、给父亲熬草药，再去上学，放学后再到地里干活或者去捡破烂、拾菜叶子。

"我们这个家能维持下来，多亏了这个孩子，都 12 岁了还连个雪糕也没吃过！人家这么大的孩子到处跑着玩的时候，她还要考虑怎样让我们俩吃饱。"提起这些事张思田已经泣不成声，"这些事都不该是一个 12 岁的孩子该干的事啊！"

张曼曼很聪明，学习成绩从小学 1 年级到 6 年级一直名列前茅，用班主任张震的话说："从未下过前三名。"无论学习多忙、地里的活多累，张曼曼的脸上始终挂着微笑。

和同龄的孩子相比，张曼曼显得非常成熟懂事。虽然这个例子有些极端，可是我们不能不承认，明白生活的不易的孩子更懂事，跟妈妈更贴心，对日后的生活更能应对自如。

现实中有些妈妈尽管自身有许多生活艰辛和身体病痛，但他们总是竭力在孩子面前掩饰，错以为这是爱孩子，却不知在害孩子。

生活中有苦才有乐，妈妈不要刻意去掩饰生活的另一面，而应让孩子从小学会分担你的痛苦艰辛，理解生活的不易，长大后他才会珍惜眼前的生活，才会以真诚之心关爱别人。

生活并不是一帆风顺的，是有艰辛的。作为妈妈，当遇到不如意的事情时，应该把实际情况实实在在地讲给孩子听，让孩子明白生活的艰辛。让孩子直接面对，和妈妈共同承担起家庭生活的艰辛。要通过活生生的事实告诉孩子，生活就是这样，它既会造就幸福，也会带来痛苦。

我们生活在这个世界上，唯有直面人生，通过自己最大的努力，才能掌握命运，创造美好的未来。妈妈要教育子女从小懂得这些，这才是对子女最大的关心和爱护。

别拿白"溺爱"，孩子要说界